小学语文学习任务群
课例设计丛书

实用性阅读与交流

总主编

吴忠豪　薛法根

主编

何必钻

上海教育出版社
SHANGHAI EDUCATIONAL
PUBLISHING HOUSE

编 委 名 单

总 主 编：吴忠豪　薛法根

主　　编：何必钻

副 主 编：柯　珂　何佳欢

编写人员（按姓氏笔画排序）

叶希希　叶金花　冯海波　兰陈敏　李一禾

李丽丽　肖维源　余金丽　陈园园　陈晓珍

罗旭群　周微微　郑　洁　姚必斌　凌小冬

黄亦娜　黄建跃　蔡婷婷

扫码获取配套练习与测评

前　言

　　这套读物是依据现行统编小学语文教材,按照《义务教育语文课程标准(2022年版)》(以下简称"新课标")提出的六种学习任务群设计的教学课例,旨在帮助教师在与"新课标"配套的语文教材没有出台的背景下,利用现行语文教材先行一步实施语文学习任务群。由于统编教材采用"双线组元"的方式编写,编选的课文及辅助习题聚焦单元"人文主题"和"语文要素",与"新课标"提出的以"学习任务群"呈现语文课程内容,是两种不同的课程理念,有着很大的差异。因此,要将两种不同的课程理念统一到学习任务群的设计上,并且要尽可能使设计的学习情境任务与统编教材提供的教学资源结合得自然、有机,实在是一件要求极高、难度极大的事。对中小学语文教师而言,学习任务群是一个全新的课程与教学理念,当下又缺乏成功的实践案例支持,因此要编好这套学习任务群课例设计丛书,其难度是可想而知的。

　　为方便一线教师使用,整套丛书按照"新课标"提出的六种学习任务群编写,每个任务群对应一本书,每本包括小学任务群课例15～23篇。最多的《跨学科学习》有23篇设计课例,《整本书阅读》有19篇设计课例,《语言文字积累与梳理》《文学阅读与创意表达》《实用性阅读与交流》均有16篇设计课例,最少的《思辨性阅读与表达》有15篇设计课例。这些课例覆盖低、中、高三个年段,"语言文字积累与梳理"学习任务群从低年段到高年段逐步减少,"文学阅读与创意表达"从低年段到高年段逐渐增加,课例分布比较合理,符合各年段学生的语文学习规律和心理特点。

　　"新课标"指出:"设计语文学习任务,要围绕特定学习主题,确定具有内在逻辑关联的语文实践活动。语文学习任务群由相互关联的系列学习任务组成,共同指向学生的核心素养发展,具有情境性、实践性、综合性。""以生活为基础,以语文实践活动为主线，以学习主题为引领，以学习任务为载体，整合学习内容、情境、方法和资源等要素，设计语文学习任务群。"这两段话简要阐述了学习任务群设计的依据、条件和主要特点。参与高中语文课程标准制定的王宁教授认为"学习任务群不是单篇文章的简单相加"，她强调"真实学习情境"和"融合阅读、表达、探究的学生实践活动"是评价学习任务群设计是否成功的两个主要标志。"新课标"修订组编写的《义务教育语文课程标准（2022 年版）解读》中列举的六种学习任务群 20 多个课例，基本是按大单元教学资源进行整体设计的，比较充分地诠释了学习任务群"情境性、实践性、综合性"的特点。这些课例是学习任务群设计的范例，有一定的权威性。

六本书中提供的课例大多依托统编教材中的单元进行整体设计。然而要将统编教材中各单元提供的教学资源转换成与"新课标"相匹配的学习任务群，并且设计出以学生学习为主线展开的语文实践活动，着实不容易。特别是"语言文字积累与梳理""整本书阅读""跨学科学习"等学习任务群的设计，很难从现行教材中寻找到合适的单元资源。为此，丛书中的课例很难做到全部依据现行教材中的单元进行设计，有些课例采用的是灵活变通的设计思路，主要有以下几种：

1. 依据单篇课文设计学习任务群。比如，《跨学科学习》六年级上册第七单元"京剧专题分享会"，是依据《京剧趣谈》这篇课文设计的。核心任务是举行班级"京剧专题分享会"，设计了三个子任务：一是入戏，学习《京剧趣谈》，观看京剧演出，了解京剧剧种；二是知戏，查阅资料，探究与京剧有关的一个（或几个）方面的知识，用小报、研究报告、记录等多种方式梳理自己的研究成果；三是开展"京剧大讲堂"。依据单篇课文设计学习任务群，其实是当下语文教师实施学习任务群最为流行的做法。

2. 选择单元部分课文设计学习任务群。一年级上册"我是小小采购员"，选择该单元《大小多少》《小书包》两篇课文设计学习任务群。这个识字单元还有《画》《日月明》《升国旗》三篇课文。因为识字教材编写考虑的是学生识字的规律，基本不按内容主题编写课文，因此很难整合出涵盖全部课文的学习主题及情境任务。因此编者选择其中两篇课文，设计出"当小小采购员"这样一个贴近学生生活的学习任务。经过这样的变通处理，学习任务群的设计就变得相对容易。

3. 整合不同单元相同类型的课文设计学习任务群。《文学阅读与创意表达》针对五年级下册编排了一个特殊的文言文学习任务群。这个课例将统编教材三至六年级的14篇文言课文进行梳理分类，统整成不同主题设计学习任务群。该学习任务群围绕"洞察古代儿童的智慧"这个主题，将三年级上册《司马光》、四年级上册《王戎不取道旁李》、五年级下册《杨氏之子》和六年级下册《两小儿辩日》四篇文言文，以及四年级上册第八单元《口语交际：讲历史人物故事》等内容，统整为一个文言文学习任务群，编排在五年级第二学期。这样设计学习任务群，拓展了文言文学习资源，提高了文言文学习的有效性。其实这种学习任务群设计思路还可以运用到古诗、寓言、童话、小说等按文章体裁分类的学习任务群设计之中，可以有效提高学生的学习效率。

4. 精选教材部分习题设计学习任务群。《整本书阅读》大多结合教材中的"快乐读书吧"栏目设计学习任务群，与单元教材资源若即若离。《跨学科学习》二年级的"建立班级迷你图书馆"也是借用二年级下册第五单元《口语交际：图书借阅公约》，将其放大设计成一个跨学科学习任务群。围绕建立班级图书馆这个任务，引导学生实地参观图书馆，了解书籍摆放的秘密；给班级图书馆中的图书分类、编号；再制订班级图书借阅公约，让学生享受班级阅读时光。学习任务群紧密结合儿童生活创设情境，能有效激发学生的学习兴趣。

5. 结合生活情景设计学习任务群。依据课程标准提出的课程内容另行设计学习任务群，其实是学习任务群设计的最佳做法。比如，《跨学科学习》中的六年级学习活动：大地在心——我是低碳环保行动者。教师依据"新课标"中"跨学科学习"学习任务群建议的内容，自行寻找学习资源，组织学生综合运用语文、道德与法治、科学、数学、劳动、美术等多学科的知识和技能，开展跨学科学习活动。当然，撇开教材，教师另行设计学习任务群，意味着教师要自己选择组合学习资源，对教师的要求更高，难度更大。

以上列举的几种不完全拘泥于单元教材资源设计学习任务群的思路，或许不是"新课标"提倡的学习任务群设计的最佳方法，但却是当下语文教师实施"新课标"教学理念的新尝试。仔细分析这些课例，每个学习任务群都有具体的学习情境和学习任务，并且都是以学生实践活动为主线展开教学，体现出语文学习任务群的基本特点。特别是突破了单元教材资源的束缚，可以极大拓展教师设计学习任务群的思路，降低设计的难度。可以这样认为，在与"新课标"配套的教材正式出版之前,这样变通设计学习任务群,不失为一种简便可行的方式。

统编教材确定的人文主题和语文要素,为学习任务群设计提供了丰富的学习资源,但是依托单元学习资源设计的学习任务群,具体可以归属于六种学习任务群的哪一种,还须根据创设的情境任务和学习目标确定。由于课例设计者对每个单元的人文主题以及学习资源理解和设计的角度不同,同一单元有时可以设计出两种甚至两种以上的学习任务群,而且基本符合各种不同学习任务群的价值目标。

比如,统编教材五年级上册第三单元"民间故事"选编了《猎人海力布》《牛郎织女》两篇中国民间故事,"快乐读书吧"中还选入了《田螺姑娘》的片段,推荐了《梁山伯与祝英台》《八仙过海》及国外的民间故事。将这个单元设计成"文学阅读与创意表达"学习任务群毫无疑义,然而依据民间故事设计的学习任务群同时还出现在《思辨性阅读与表达》和《跨学科学习》两本书中。当然所设计的学习情境任务、学习目标和具体学习活动,在三个学习任务群中各不相同。

在《文学阅读与创意表达》一书中,设计的核心任务是"举行一次民间故事展演",具体的学习活动是"民间故事我来读""民间故事我来讲""民间故事我来写""民间故事我来演"。在《思辨性阅读与表达》一书中,侧重于阅读民间故事,感受其中的智慧,设计的学习任务是"探索故事里的善恶因果,再结合时代背景,借助民间故事结构创编民间故事"。在《跨学科学习》一书中,设计的核心任务是"学生自主选择自己喜欢的民间故事,采用团队合作形式,自主选择表达方式,例如皮影戏、戏剧、电影等多种形式,为周边社区幼儿进行展演,传播优秀传统文化"。

依托同一个单元的教材资源设计的三种学习任务群,其学习活动不可避免会产生交叉重合。比如,都有阅读教材中的民间故事,配合学习任务开展整本书阅读等。但三者学习目标和开展学习活动的侧重点有明显的区别。《文学阅读与创意表达》侧重于民间故事的阅读和展演;《思辨性阅读与表达》侧重于学习思维方法,提高逻辑思维能力;《跨学科学习》则以民间故事为载体,通过社区讲演传播中华优秀传统文化,侧重于不同学科的技能的综合运用。

依托同一个单元教材资源同时设计出两种学习任务群的至少还有以下这些单元——

二年级下册第五单元,借助《口语交际:图书借阅公约》这一内容设计学习任务,《思辨性阅读与表达》中的主题是"遇到问题怎么办",《跨学科学习》中的主题是"建立班级迷你图书馆"。

三年级下册第二单元(寓言单元),《文学阅读与创意表达》中的主题是"掀起'寓言'的盖头来",通过阅读和讲述寓言,重在把握寓言的文体知识,分享阅读与讲述寓言故事的快乐;《思辨性阅读与表达》中的主题是"小故事大道理",侧重从故事中读出道理,并编写、讲述寓言故事。

五年级下册第七单元,《实用性阅读与交流》中的主题是"感受异域风情,爱我大美中华",搜集整理中国的世界文化遗产资料,编写世界风光手册并举办主题展览;《跨学科学习》中的主题是"我为中国的世界文化遗产"代言,要求学生自主选择自己喜欢的世界文化遗产,采用团队合作形式,自主选择表达方式,通过书面、口头等多种形式为世界文化遗产代言。

六年级上册第八单元,《思辨性阅读与表达》中的主题是"遇见鲁迅",全方位介绍我们眼中的鲁迅先生;《跨学科学习》中的主题是举办"鲁迅印象展",并用演讲、戏剧等多种表达方式,向同学介绍自己的展品;等等。

如果能一组一组认真阅读并深入比较这些案例设计的异同,那么对不同种类学习任务群的学习目标、情境任务以及学习活动的设计,一定会获得诸多启示。

这套丛书由全国知名的名师领衔担任各分册主编。他们发动工作室骨干成员,经过近半年的不懈努力,克服种种困难,终于按时完成了这项艰巨的编写工作。其实丛书作者对学习任务群的学习研究与广大一线语文教师基本处于同一起跑线,只不过这些作者对"新课标"精神的学习研究更加深入,对学习任务群的探索投入的精力更多。当下语文学界对学习任务群的研究探索尚处于初级阶段,在理论与实践方面有诸多问题亟须研究,有些甚至还存在不少争议。在大部分教师的语文课堂教学实践中,学习任务群其实尚未真正实施。因此这几位名师和工作室团队成员能够按照六种学习任务群的不同特点和内容编写出这么多的课例,真是了不起。

参与这套丛书编写的大多是享誉全国的名师以及工作室骨干教师,丛书中的每个案例都经过名师团队集体打磨、反复修改,有些甚至改了五六稿,然而学习任务群毕竟是语文课程改革中的全新事物,我们走的是一条前人没有走过的路,因此需要有一段相当长的时间去探索研究,最好还能有一个教学实践验证的过程。因此丛书中设计的案例不可避免地存在这样那样的问题,无论是学习情境创设、学习任务设计,还是阶段目标、活动内容、学习方法以及评价工具的设计与制作等,都需要在教学实践中检验。广大教师在阅读或使用这些案例时须根据班级学生的实际情况进行必要的修改调整,不能照抄照搬,更不能照本宣科。

最后我想说明的是,学习任务群是体现语文课程实践性特点的有效教学样态,但可能不是唯一。我很赞同温儒敏教授的观点,语文课"并不意味着全部教学一刀切,都要采取任务驱动方法"。学生语文核心素养的培养应该是一个系统工程,应该有多元的教学样态。语文教师在贯彻"新课标"精神时,一方面要以积极的态度尝试进行学习任务群教学,另一方面需要总结过往语文课程改革的成功经验,包括传统语文教学和国外中小学母语教学的成功经验,尝试探索更多更加有效的体现语文课程实践性特点的教学样态。

对语文学习任务群的探索才刚刚开始,实施的路程很长很艰难。语文课程改革不可能毕其功于一役,还有很长的路要走。

吴忠豪

2023 年 11 月

目　录

第1讲　伙伴,有你真好

——统编教材一年级下册第三单元"实用性阅读与交流"
学习任务群设计

➡ 一、主题与内容

(一) 任务群的归属

本单元编排了《小公鸡和小鸭子》《树和喜鹊》《怎么都快乐》三篇课文及《语文园地三》等内容。

《义务教育语文课程标准(2022年版)》中"实用性阅读与交流"学习任务群第一学段的第3条学习内容指出:"了解公共生活规则,学会有礼貌地交流。"《口语交际:请你帮个忙》对应这一条内容,体现社会交际的实用功能。第1条与第2条学习内容分别指出:"学习运用文明礼貌语言,与家庭成员、亲朋好友交流沟通,学会感恩。""阅读有关学校生活的短文,认识图文中相关的汉字,学习与同学、老师文明沟通。"单元课文《小公鸡和小鸭子》《树和喜鹊》《怎么都快乐》从不同的角度表达了伙伴之间互相交流、互相帮助、友好共处的情谊。阅读与学习这类故事,可以提高学生的社会交往能力与表达交流水平。根据以上分析,本单元以"实用性阅读与交流"学习任务群组织教学活动。

(二) 主题的确定

本单元中,《小公鸡和小鸭子》表达了伙伴间互相帮助、友好共处的情感;《树和喜鹊》传递了有朋友相伴的快乐;《怎么都快乐》讲述了独处很快乐,与他人相处也很快乐。这一单元所有的内容都指向"与人交往"。通过这一单元的学习,学生会懂得互相关心与帮助、互相团结与友爱的道理。根据以上分析,将本单元的学习主题提炼为"伙伴,有你真好"。

（三）内容的组织

本单元编排了《小公鸡和小鸭子》《树和喜鹊》《怎么都快乐》三篇课文及《语文园地三》等教学内容，这些内容为"实用性阅读与交流"学习任务群的实施提供了课程资源。

本单元的语文要素是"联系上文理解词语的意思"。"联系上文理解词语"的要求在《树和喜鹊》中以泡泡语的形式呈现，为后面三年级学习"用多种方法理解难懂的词语"打下基础。学完课文后再积累词语，可以按照词语的构成形式进行归类识记，如 AABB 式、动宾搭配式等，同时，可以将这些词语作为同伴交往过程中的语言素材进行运用。

➡ 二、目标与评价

单元学习目标	单元学习评价
1. 认识 36 个生字，读准 3 个多音字，会写 18 个字。 2. 正确、流利地朗读课文，读好"不"的变调。读好对话，读出不同角色说话的语气。 3. 朗读儿童诗，读出自己的感受。 4. 正确朗读古诗《赠汪伦》，大致了解诗意并背诵。 5. 读好《谁和谁好》，感受小伙伴相处的美好情感。	1. 掌握本单元的生字词，在练习测评中正确运用。 2. 能正确、流利地朗读课文，读好"不"的变调。与同桌分角色朗读对话，并读出相应的语气。 3. 能有节奏、有感情地读好儿童诗。 4. 能正确朗读并背诵古诗《赠汪伦》。
1. 联系上文，理解"孤单、快乐"等词语的意思。 2. 初步体会"偷偷地、飞快地"等词语的用法。 3. 积累动宾结构的词语。	1. 能在阅读中联系上文，理解难懂的词语。 2. 在朗读中体会"偷偷地、飞快地"这类词语表达的情感。 3. 能发现动宾结构的词语的构词规律，并在练习中积累相关词语。

单元学习目标	单元学习评价
1. 懂得打电话和接电话时的交际礼仪。 2. 在接打电话时能听懂对方的意思并清楚表达自己的意思。	1. 打电话时，能把要表达的意思说清楚；接电话时，能听明白主要内容。 2. 接打电话都能使用恰当的礼貌用语。
1. 学习正确使用字典的方法，学会用音序查字法查字。 2. 养成在学习中勤查字典的习惯。	1. 参加"查字典小达人"比赛，熟练使用音序查字法。 2. 遇到不认识的字，能自主、独立地识字。
学习在日常生活中与他人交朋友。	能完成交友卡，与新朋友共同完成一项活动。

三、情境与任务

（一）学习情境

基于"伙伴，有你真好"这一单元主题，我们可以创设一个真实的学习情境："左手是右手的好朋友，天空是白云的好朋友，大海是沙滩的好朋友……好朋友是成长中最美好的存在。孩子们，你们有没有自己的好朋友？你心中的好朋友又是什么样的呢？如果还没交到好朋友也别着急，接下来这段时间，班级要开展'我想和你交朋友'主题活动，通过这次活动，你一定能交到自己的好朋友。"如何获得良好的伙伴关系，是一年级学生在面对人际交往时遇到的第一个难题。因此，这个单元我们设计了"我想和你交朋友"的情境任务，以系列活动将整个单元内容串联，让学生通过实践活动学习与同伴交往，这正指向了"实用性阅读与交流"学习任务群的课程目标。

（二）任务框架

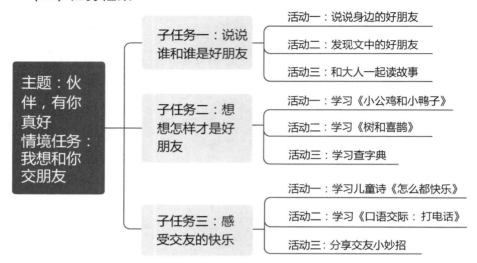

为了更好地完成三个学习任务，我们将情境任务作了活动分解，设计了结构化的活动链。

子任务一：说说谁和谁是好朋友。活动一是联系生活，说说自己身边的好朋友。活动二是通读整个单元，找一找整个单元中有几对好朋友。

子任务二：想想怎样才是好朋友。活动一是学习课文《小公鸡和小鸭子》，明白好朋友要互相帮助。活动二是学习课文《树和喜鹊》，了解人人都需要朋友，有了朋友的陪伴才会更快乐。活动三是学习音序查字法，发现字典是学习的好伙伴。

子任务三：感受交友的快乐。活动一是学习儿童诗《怎么都快乐》。活动二是学习打电话。活动三是交流交友小妙招，提高社会交往能力。

（三）课时规划

课时安排	学习内容
第1课时	明确任务群情境任务，通读单元，发现文中的好朋友，积累古诗《赠汪伦》。

课时安排	学习内容
第2、第3课时	学习课文《小公鸡和小鸭子》，了解好朋友之间要相互帮助。分角色朗读对话，初步体会"偷偷地、飞快地"等词语的用法。
第4、第5课时	学习课文《树和喜鹊》，学习"联系上文理解词语"的方法，积累AABB式的词语。
第6课时	学习《语文园地三》中的音序查字法，参加"查字典小达人"比赛。
第7、第8课时	学习儿童诗《怎么都快乐》，初步体会儿童诗的趣味。
第9课时	学习《口语交际：打电话》。分享交友小妙招，并完成一次交友活动。

➡ 四、活动与过程

子任务一：说说谁和谁是好朋友

活动一：说说身边的好朋友

1. 说一说：你身边的好朋友是谁？你和他是怎样成为好朋友的？

2. 聊一聊：你认为好朋友应该是什么样的？

活动二：发现文中的好朋友

1. 创设整组课文的主题情境。

（1）创设主题情境：小朋友们，亮亮在成为小学生之后，遇见了很多新同学，他想和他们成为好朋友。可是到底该怎么做呢？亮亮还不太明白。你有没有和他一样的烦恼？如果你也有和他一样的烦恼，那么现在有个好消息，班级里要开展一次"我想和你交朋友"主题活动。让我们通过这个单元的学习，一起去找找交到好朋友的小秘诀吧！

（2）概览单元内容，思考：这个单元里出现了几对好朋友？

◆ 观察课文插图或浏览课文内容，发现：小公鸡和小鸭子是好朋友，树和喜鹊是好朋友,李白和汪伦是好朋友,藤和瓜,蜜蜂和花,白云和风,我和同学也都是好朋友。

◆ 总结各种类型的朋友,引出单元主题:"伙伴,有你真好"。

2. 学习古诗《赠汪伦》。

(1) 找一找诗句里藏着的深厚友谊。

◆ 初读古诗,借助拼音读正确,注意读好"赠、汪、行、声、情"这几个字的后鼻音。

◆ 通过教师范读、同伴互读,反复朗读诗句,读好停顿。观察插图,想象画面,大致了解诗句的意思。

(2) 找一找能体现两人友谊的地方,做标记。

◆ 质疑:什么是"深千尺"? 为什么说"潭水深千尺"还不及"汪伦送我情"?

◆ 阅读资料,深入体会两人的交往过程。

◆ 体会"桃花潭水深千尺,不及汪伦送我情"这句诗表达的朋友间的深厚情谊。

(3) 配乐诵读《赠汪伦》,并背诵积累。

(4) 交流交朋友的秘诀:交朋友要主动,真正的朋友就算分开了也会互相想念。

活动三:和大人一起读故事

1. 初读儿童诗。

(1) 借助拼音自由读《谁和谁好》。

(2) 边读边想:诗歌中有几对好朋友? 他们是怎么要好的?

2. 师生配合读,一问一答。

3. 仿照诗歌的形式,说一说还有"谁和谁好"。

子任务二:想想怎样才是好朋友

活动一:学习《小公鸡和小鸭子》

1. 谈话导入,认识人物。

（1）说一说：生活中你会选择和什么样的人交朋友？是爱好相同的人？还是性格相反的人呢？

（2）观察小公鸡和小鸭子的图片，发现小公鸡和小鸭子外形的不同之处。

2. 初读课文，整体感知。

（1）读准字音，读通课文。

（2）读好第 1 自然段，学习生字"块"，认识"提土旁"。

（3）观察课文中的插图，说一说插图分别对应课文的哪几个自然段，想一想课文讲了小公鸡和小鸭子的什么事情。

3. 读出心情，感受形象。

（1）读好第 2 自然段，说一说小公鸡和小鸭子在草地里干什么。学习生字"捉"。

（2）理解"吃得很欢""急得直哭"的意思。

（3）结合小公鸡和小鸭子的嘴巴特点，想象他们捉虫子的画面，说一说为什么小公鸡吃得很欢，小鸭子急得直哭。

（4）读准"得"的轻声。学习生字"急、直"。

（5）联系生活实际，照样子说一说。

吃得＿＿＿＿＿＿＿＿　　　跑得＿＿＿＿＿＿＿＿

（6）用多种方式朗读，读出小公鸡和小鸭子不一样的心情。

（7）体会小公鸡乐于助人的形象。

4. 聚焦对话，体会心情。

（1）自由读第 3、第 4 自然段，用横线画出小鸭子说的话，用波浪线画出小公鸡说的话。

（2）读好对话。注意读好"不"的变调："不"后面的字读第四声时，"不"就读第二声。

（3）读出小鸭子劝说小公鸡的语气。

（4）说一说下面哪一句好，好在什么地方。

◆ 小公鸡不信，跟在小鸭子后面，也下了水。

◆ 小公鸡不信,偷偷地跟在小鸭子后面,也下了水。

预设:"偷偷地"写出了小公鸡是悄悄跟着的,小鸭子不知道小公鸡下了水。

(5)找一找后面发生了什么事,小鸭子又是怎么做的。

(6)思考:从加点字中读到了什么?

◆ 小鸭子游到小公鸡身边。

◆ 小鸭子飞快地游到小公鸡身边。

预设:小鸭子奋力地游,速度很快,他很着急。读出小鸭子对小公鸡的情谊。

(7)同桌分角色朗读小公鸡和小鸭子的对话,读出相应的语气。

(8)回归主题:读了这个故事,你读懂了什么?

预设:小公鸡和小鸭子虽然有很大的差别,却互相关心帮助对方。就像我们每个人都有自己的特点,都可以发挥自己的所长去帮助别人,这样大家都能交到好朋友。

5. 观察比较,书写生字。

(1)"河、说、让"都是左右结构的字,书写的时候注意左窄右宽。

(2)书写生字。

活动二:学习《树和喜鹊》

1. 看字猜义,认识主人公。

(1)认识"喜鹊",了解"鸟字边"的字一般和鸟类有关。

(2)借助课题,认识这个单元里的另一对好朋友。

2. 初读课文,整体感知。

(1)自由读课文。

(2)学习多音字"只、种、乐"。

3. 细读品悟,感受孤单。

(1)自由读第1、第2自然段,边读边想象画面。

(2)联系第1自然段,理解第2自然段中"孤单"的意思。圈出下面这段话中的三个"只有",把句子补充完整。

从前,这里只有一棵树,树上只有一个鸟窝,鸟窝里只有一只喜鹊。除了这棵树就没有( ),除了这个鸟窝就没有( ),除了这只喜鹊就没有( )。用课文里的一个词语来形容就是( )。

(3)小结:联系了上文,我们就知道了后面"孤单"的意思。

(4)联系生活,说一说自己在什么时候感到特别孤单。

(5)配乐朗读第1、第2自然段。

4. 聚焦变化,感受快乐。

(1)找一找课文里有关变化的三句话。

树很孤单,喜鹊也很孤单。

树有了邻居,喜鹊也有了邻居。

树很快乐,喜鹊也很快乐。

(2)交流变化的原因。

(3)尝试用联系上文的方式,理解"邻居"的意思。

(4)读第5自然段,发现"叽叽喳喳、安安静静"词语表情达意的特点。

(5)完成课后题,积累不同特点的词语。

第一组表示时间:从前、后来。

第二组表示心情:孤单、快乐。

第三组是 AABB 形式:叽叽喳喳、安安静静。

(6)读第3~6自然段,边读边思考:树和喜鹊后来为什么很快乐?

(7)小结:好朋友不仅要在有困难的时候互相帮助,平时还要互相陪伴。

5. 朗读儿歌,书写生字。

(1)拍手读儿歌。

> 小喜鹊,笑眯眯,有了邻居真欢喜。
>
> 想从前,真孤单,树和喜鹊没有伴。
>
> 到后来,有邻居,快快乐乐在一起。

(2)学写生字。可以进行归类指导,"从、好、他、们、叫"都是左右结构的字,

"回"是全包围结构的字。

活动三：学习查字典

1. 和字典交朋友。

（1）拿出字典，自由翻看，说说这位新朋友有什么特点。

（2）想一想：我们什么时候可以寻求字典朋友的帮助？

2. 音序大闯关。

（1）对对碰。

◆ 连一连：观察部分大小写字母，将对应的字母连一连。

◆ 想一想：了解音序是指按照字母表先后次序排列的字词等的顺序。

（2）辨一辨。

举例"方"，首个字母的大写是 F，音节是 fang（没有声调），读音是 fāng（有声调）。

3. 查字典大行动。

（1）学习《语文园地三》中的"查字典"内容，了解查字典的步骤。

（2）示范查找"厨"字：依次找到"厨"字的首个字母、音节，并找到正文中的"厨"，读读"厨"字的解释。

（3）同桌互助，按步骤再查一遍"厨"字。

（4）背诵《音序查字法口诀》。

4. 我来练一练。

生字	首个字母	音节	页码	组词
池				
首				
漂				
机				

（1）写出"池、首、漂、机"的首个字母和音节。

（2）同桌合作查找生字"池、首"。

（3）同桌比赛谁先查到"漂、机"。提示：在字典中发现"漂"是多音字时，可以把不同读音都找出来。

5. 妙招大分享。

（1）熟记汉语拼音字母表。

（2）可以先根据页码数字的大小进行判断，然后用合适的方法来翻页（一页页地翻或者一沓沓地翻）。

6. 参加"查字典小达人"比赛。

（1）选择合适的序号，把下面的《音序查字法口诀》补充完整。

　　　　① 音节　② 音序　③ 首个字母　④ 第几页

音序查字法口诀

_____查字要记牢，先把_____找。

字母下面找_____，看看它在_____。

（2）比一比谁是"查字典小达人"。

生字	首个字母	音节	页码	组词
捉				
窝				
静				
绳				

用时：_____分

7. 小结：这节课，我们认识了一位非常厉害的新朋友——字典，以后你们可以和他一起认识更多的汉字，一起阅读更丰富的书籍！

子任务三：感受交友的快乐

活动一：学习儿童诗《怎么都快乐》

1. 谈话导入，整体感知。

（1）导入：通过前面的学习，我们知道了伙伴之间互相帮助很快乐，互相陪伴很快乐，那到底有多少个伙伴才好呢？有时候一个人，没有伙伴该怎么办呢？

（2）初读课文。读好课题，学习生字"怎"。

（3）一人读一节，随机正音。边读边圈出文中表示游戏或活动的词语。

第1节：折船 踢毽子 跳绳 搭积木 看书 画画 听音乐

第2节：讲故事 下象棋 打羽毛球 坐跷跷板

第3节：讲故事 甩绳子

第4节：拔河 老鹰捉小鸡 打排球 打篮球 踢足球 开运动会

（4）随文认识生字词。

◆ 学习生字"跳"。

◆ 通过偏旁区分"蓝"和"篮"。

（5）归类识记，积累动宾结构的词语。

出示：跳绳 踢足球 讲故事 听音乐 打排球 玩游戏

2. 学习第1节。

（1）读好第1节。学习生字"独"。

（2）围绕"静悄悄"想象画面。

（3）同桌合作，练说句式。

一个人可以＿＿＿＿＿＿，也可以＿＿＿＿＿＿＿＿，这样很好！

（4）体会省略号的用法，说说两个"……"省略了什么。

（5）师生配合读好第1节。

3. 学习第2、第3节。

（1）读第 2、第 3 节，边读边想：哪些游戏两个人、三个人都可以玩？

（2）学习多音字"得"。

（3）对比发现：两个人讲故事和三个人讲故事有区别，听故事的人越多，讲故事的人越有劲。

（4）男女生合作朗读，感受诗句的节奏。

4. 学习第 4 节，体会快乐。

（1）师生合作读。

一个人玩，很好！

两个人玩，很好！

三个人玩，很好！

四个人玩，很好！

五个人玩，很好！

许多人玩，更好！

（2）边读边思考：好在哪儿？

（3）对比第 1 节和第 4 节，说一说：你发现了什么？

5. 小结：一个人独处很快乐，和很多人一起玩也很快乐，只要能找到自己喜欢做的事情就会很快乐。

活动二：学习《口语交际：打电话》

1. 联系课文，了解交际主题。

（1）回顾《怎么都快乐》，说一说当你一个人在家，想请同学来家里一起玩游戏时,你可以怎么做。

(2) 回忆自己打电话的经历。

2. 通过讨论,明确打电话的步骤。

(1) 拨对电话号码。

(2) 礼貌问好,说清楚自己是谁,问清楚对方是谁。

(3) 说清楚事情。

(4) 礼貌挂电话。

3. 选择情境,展开实践。

(1) 同桌合作。从教材提供的三个情境中选择一个,展开实践。

(2) 请几组同桌上台示范,并请其他学生点评。

4. 引导学生树立场合意识,了解哪些地方可以接打电话,哪些地方不适合接打电话。

活动三:分享交友小妙招

1. 围绕本单元内容进行梳理总结。

小公鸡和小鸭子互相帮助。

树和喜鹊互相陪伴。

李白和汪伦是即使暂时分离,也会互相想念的朋友。

2. 说一说:通过这个单元的学习,你知道该怎么交朋友了吗?

(1) 集体交流。

(2) 分享交友小妙招。

◆ 勇敢迈出第一步,大方地介绍自己,说出自己想和别人交朋友的想法。

◆ 日常可以和朋友相约一起学习,一起玩耍,一起劳动,一起运动。

◆ 遇到困难,朋友之间可以互相帮助。

3. 写一写:填写一张交友卡,送给自己最想交朋友的同学,并和他一起完成一项活动!

我想和你交朋友

自画像

姓名：_____ 年龄：_____

爱好：_____ 特长：_____

你好！_____ 同学，我想和你交朋友！平常我最

喜欢_____。你愿意和我一起_____吗？

第2讲　我爱我家

——统编教材二年级上册第三单元"实用性阅读与交流"
　　学习任务群设计

➡️ 一、主题与内容

（一）任务群的归属

本单元编排了《曹冲称象》《玲玲的画》《一封信》《妈妈睡了》四篇课文。除了《曹冲称象》，其他三篇课文都表现了儿童熟悉的家庭生活。《玲玲的画》讲述了玲玲在爸爸的帮助下解决难题的故事，《一封信》表达了对离家很久的爸爸的深切思念，《妈妈睡了》表达了对忙碌过后的妈妈的赞美与感激之情。口语交际"做手工"和写话"我最喜欢的玩具"都是学生快乐家庭生活的写照。《义务教育语文课程标准（2022年版）》中"实用性阅读与交流"学习任务群第一学段的学习内容提到："阅读有关个人生活、家庭生活的短文，认识图文中相关的汉字，感受美好亲情；学习运用文明礼貌语言，与家庭成员、亲朋好友交流沟通，学会感恩。"本单元内容与课标要求是对应的，因此本单元以"实用性阅读与交流"学习任务群组织教学活动。而课文《曹冲称象》讲的是古代智慧少年的故事，与家庭生活不相关，建议另外单独教学。

（二）主题的确定

《义务教育语文课程标准（2022年版）》中提出第一、第二学段的"实用性阅读与交流"学习任务群可以围绕"家庭生活"等主题设计学习任务，引导学生学习日常生活语言，学会文明交往。本单元的教学内容指向不同的家庭生活场景：《玲玲的画》中，玲玲在爸爸的指导下开动脑筋，想出合适的办法，解决难题；《一封信》讲述怎样更好地表达对家人的爱；《妈妈睡了》展现睡梦中的妈妈是那样美丽温柔而又辛苦疲惫。这三篇课文都表现了温馨的亲情。口语交际"做手工"和写话"我最喜欢的玩具"则体现了学生有趣的家庭生活。根据以上分析，将本单元的学习主题提炼为"我爱我家"，以此主题统领单元任务设计。

（三）内容的组织

本单元的教学要素是"阅读课文，能说出自己的想法"和"借助词句，尝试讲述课文内容"，这也正好契合了学生在家庭生活中"感受爱、表达爱、记录爱"的需求。《玲玲的画》落脚点在"感受爱"，引导学生联系生活谈谈对关键句"只要肯动脑筋，坏事有时也能变成好事"的体会，感受充满智慧的家庭生活。《一封信》和《妈妈睡了》落脚点在"表达爱"，引导学生比较两封信的内容，说说怎样写信才能让在外工作的爸爸不用担心家里情况；说说睡梦中的妈妈是什么样子的，从而表达对辛劳的妈妈的关切和爱意。口语交际"做手工"和写话"我最喜欢的玩具"落脚点在"记录爱"，引导学生说说做手工的过程，写写喜欢的玩具等，记录有趣的家庭生活。

➡ 二、目标与评价

单元学习目标	单元学习评价
1. 认识 58 个生字，读准 4 个多音字，会写 38 个词语。 2. 能借助关键词句，试着讲故事。	1. 掌握本单元的生字词，在练习测评中正确运用。 2. 借助关键词句，把课文的主要内容说清楚。
1. 能针对问题，说出自己的感受或想法。 2. 能发现生活的美好，表达对家人的爱。	1. 联系生活谈谈自己的阅读体会。 2. 通过"夸夸我的爸爸（妈妈）"活动，表达对家人的爱。
1. 能按照顺序说说手工作品的制作过程。 2. 养成专心听、静心听的好习惯，能边听边记住主要信息。	1. 能讲清手工作品的名称和所用的材料，并按一定的顺序讲一讲制作过程。 2. 参与班级"手工作品展览会"解说员选拔，根据评价标准进行评价。

单元学习目标	单元学习评价
1. 能学习写话的基本格式，写一写自己喜欢的玩具。 2. 能交流课内外积累的词句，初步养成积累的好习惯。	1. 在班级玩具总动员活动中，对照写话自评表评价自己的写话是否符合相关要求。 2. 在学习过程中，运用积累卡积累一些有特点的词句。

➡ 三、情境与任务

（一）学习情境

基于"我爱我家"这一单元主题，我们可以创设一个真实的学习情境："小朋友们，你们有哪些家庭成员？你们的家庭生活又是什么样的呢？这个单元让我们一起读读家庭生活中发生的故事，讲讲自己的感受，晒晒我们的家庭生活吧！"这是一个真实的学习情境，贴近学生的真实生活，引导学生与家庭成员交流沟通，锻炼学生感受爱、表达爱、记录爱的能力，真正指向"实用性阅读与交流"学习任务群的课程目标。

（二）任务框架

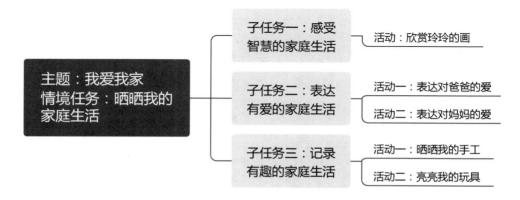

为了更好地完成三个学习任务，我们将情境任务作了活动分解，设计了结构

化的活动链。

子任务一是感受爱。活动是学习课文《玲玲的画》,厘清"玲玲的心情变化"这条主线以及"爸爸的巧妙引导"这条辅线,感受家庭生活的智慧。

子任务二是表达爱。活动一是学习课文《一封信》,对比两封信的内容,感受不想让爸爸担心的心情;活动二是学习课文《妈妈睡了》,欣赏睡梦中的妈妈的样子,表达对家庭成员的爱与感恩。

子任务三是记录爱。活动一是学习口语交际"做手工",按顺序说说做手工的过程;活动二是学习写话"我最喜欢的玩具",学习写话的格式,记录有趣的家庭生活。

(三)课时规划

课时安排	学习内容
第1、第2课时	明确任务群情境任务,学习课文《玲玲的画》,说说玲玲的心情变化,体会爸爸的巧妙引导,感受家庭生活的智慧。
第3、第4课时	学习《一封信》,联系生活经验,感受父女情深,理解表达爱的方式。
第5、第6课时	学习《妈妈睡了》,感受妈妈为家庭的辛苦付出,学会感恩。
第7课时	学习口语交际"做手工",按顺序说说手工作品的制作过程。
第8课时	写一写自己最喜欢的玩具。学习写话的基本格式。

▶ 四、活动与过程

子任务一:感受智慧的家庭生活

活动:欣赏玲玲的画

1. 创设整组课文的主题情境。

(1)导入:对你而言,家是什么呢? 每个人的家庭生活各不相同,这个单元,我们会走进哪些人的家庭生活呢？请通读课文，找一找。

（2）互相交流。

（3）创设主题情境：家是给我们最多温暖和最长陪伴的地方。小朋友们，你们有哪些家庭成员？你们的家庭生活又是什么样的呢？让我们一起读读家庭故事，讲讲自己的感受，晒晒我们的家庭生活吧！

（4）引出子任务：在成长过程中，我们总会遇到各种各样的挑战，但无论遇到什么样的困难和挑战，家总会给我们智慧，赋予我们力量，帮助我们成长。今天就让我们走进有意思的家庭生活。

2. 给图片排排序。

（1）任务驱动：玲玲遇到了一件糟心事，她的画被弄脏了，她是怎么来解决这个难题的呢？

（2）齐读课题，认识"玲"字。

（3）初读文本，整体感知。

◆ 读课文《玲玲的画》，梳理主要信息，给下面三幅图排序。

◆ 根据故事的内容，说说这样排序的理由。

出示：我认为图片的顺序是＿＿＿＿＿，因为故事的经过是"首先＿＿＿＿＿，然后＿＿＿＿＿，最后＿＿＿＿＿"。

◆ 读一读下面这首儿歌，重点关注发后鼻音的字：玲、评、奖、详。

> 小小画家叫玲玲，画幅图画去评奖。
> 得意端详乐开怀，一不小心弄脏了。
> 伤心大哭求办法，看报爸爸来建议。
> 画只花狗懒洋洋，满意收笔入梦乡。

3. 理一理玲玲的心情变化及原因。

（1）明任务：一幅小小的画让玲玲的心情不停变化。请再读课文，在最能体现玲玲这些心情的地方贴上相应的表情图。

（2）交流反馈。

【关注"得意"】

◆ 出示：玲玲得意地端详着自己画的《我家的一角》。这幅画明天就要参加评奖了。

◆ 理解词义："端详"是什么意思？试着演一演。

◆ 揣摩内心：此时玲玲可能会想到什么呢？说一说。

◆ 小结：此时课文就用一个词语概括出了玲玲的心情——得意。

【关注"伤心"】

◆ 出示对话：

就在这时候，水彩笔啪的一声掉到了纸上，把画弄脏了。玲玲伤心地哭了起来。

"怎么了，玲玲？"爸爸放下报纸问。

"我的画弄脏了，另画一张也来不及了。"

◆ 分角色读对话。

◆ 体会"伤心"之由：结合情境，说说玲玲的内心想法。

◆ 换词说话，并读出相应的语气。

玲玲_____地说："我的画弄脏了，另画一张也来不及了。"

◆ 思考：可后来玲玲又满意地笑了，你知道原因吗？

【关注"满意"】

◆ 出示：玲玲想了想，拿起笔，在弄脏的地方画了一只小花狗。小花狗眯着眼睛，懒洋洋地趴在楼梯上，整张画看上去更好了。玲玲满意地笑了。

◆ 思考：我们可以在弄脏的地方画各种各样的东西，为什么玲玲要画一只小花狗呢？妙在哪里？

预设：小花狗可养在家里，可遮住弄脏的地方，趴在楼梯上特别有趣。

◆ 小结：画变得更好了，难怪玲玲满意地笑了。

4. 联系生活悟道理。

（1）思考：玲玲的画发生了很大变化，这该感谢谁？

◆ 爸爸的智慧：是爸爸提醒玲玲可以在弄脏的地方画点什么。他没有批评训斥，而是给予提示，让玲玲自己思考。

◆ 玲玲的智慧：玲玲想出办法，用小花狗的斑点遮住了水彩笔的印记。

（2）发现：这个故事里，玲玲和爸爸都有一个好习惯——动脑筋。

◆ 出示：只要肯动脑筋，坏事有时也能变成好事。

◆ 点拨：玲玲和爸爸动脑筋的秘诀是面对突发事件，能冷静下来，想到解决的方法。

（3）联系生活：在家中，你有没有遇到这样的紧急事件？你是怎样解决的？

想穿新衣服，发现衣服不小心被划破了一个口子，我＿＿＿＿＿＿＿＿＿＿。

打算出门跑步，发现突然下大雨，我＿＿＿＿＿＿＿＿＿＿。

（4）小结：我们在家庭生活中总会遇到各种各样的难题，只要一家人互相帮助、集思广益，就能让家庭生活变得更加和谐、快乐。

5. 抓住心情讲故事：请抓住玲玲的心情变化，试着讲一讲这个故事。

评价内容	等级
抓住人物的心情变化，把故事讲清楚、讲生动。	☆☆☆
过程完整，运用文中的语言。	☆☆☆
声音响亮，举止大方。	☆☆☆

子任务二：表达有爱的家庭生活

活动一：表达对爸爸的爱

1. 初识一封信。

（1）联系生活，理解"一封信"。

（2）读准课题。写好"信"和"封"。

（3）借助图片积累词语：信封、信纸、信箱、短信、微信。

（4）读通课文《一封信》。

◆ 看图辨析"一沓纸"与"一张纸"。

◆ 积累"一( )××"类词语,如一沓纸、一支圆珠笔、一封信等。

◆ 用"因为……所以……"说说露西为什么要写信。

2. 读懂第一封信。

(1)读课文第 3 自然段,用"____"画出第一封信的内容。

(2)说一说第一封信中,露西的心情是怎样的。

(3)用"〰〰"画出让露西感到不开心的事情。

◆ 回忆爸爸在家时的情景,用"以前每天早上你一边刮胡子,一边逗我玩。下班回到家后,你总是_____;睡前,你总会_____。现在你不在家,我肯定会_____"来说一说。

◆ 理解"冷清":爸爸不在家,没人_____,没有_____,也没有_____。

3. 梳理第二封信。

(1)自由读第 4~14 自然段,用"____"画出第二封信的内容。

(2)说一说第二封信中,露西的心情是怎样的。

(3)找出露西心情改变的原因。

(4)想象情景:露西的心情很好,她在阳光下_____,她看见_____,听见_____。

(5)再读两封信,读出露西心情的变化及对爸爸的思念。

4. 角色代入品来信。

(1)聚焦两封信内容和心情上的不同。

第一封信:	第二封信:
😐 你不在,我们很不开心。	😁 我们过得挺好。
😐 以前每天早上你一边刮胡子,一边逗我玩。	😁 阳光下,我们的希比希又蹦又跳。
😐 家里的台灯坏了,我们修不好。	😁 请爸爸告诉我们,螺丝刀放在哪儿了。这样,我们就能自己修台灯了。
😐 从早到晚,家里总是很冷清。	😁 下个星期天我们去看电影。

（2）感受露西对爸爸的爱。

◆读一读"家里的台灯坏了，我们修不好"和"请爸爸告诉我们，螺丝刀放在哪儿了。这样，我们就能自己修台灯了"。

◆理解露西说"我们就能自己修台灯了"，是不想让爸爸担心。

（3）说一说：如果你是爸爸，收到两封信后会怎么想？运用下面的句式说一说。

◆读完第一封信后，爸爸会担心_____，会担心_____……

◆读完第二封信后，爸爸不再担心_____，因为_____。

（4）联系生活，说一说：如果是你，你更喜欢用哪一封信表达自己对爸爸的爱？为什么？

（5）用合适的语气将自己喜欢的那封信读给同桌听，同桌评价。

（6）小结：露西写的第二封信，让出门在外的爸爸更加放心地工作，不用担心家里的情况。我们在平时的生活中要认真感受家人的爱，同时更要学习如何恰当地表达爱。

活动二：表达对妈妈的爱

1. 忆一忆睡梦中的妈妈的样子。

（1）导入：上节课，我们认识了给爸爸写信的露西，她不想让爸爸担心，和爸爸分享快乐，表达思念。今天，也有一个善于观察的小朋友描绘了睡梦中的妈妈，她又是如何表达对妈妈的爱的呢？

（2）联系生活：你平时有仔细观察过睡梦中的妈妈的样子吗？

2. 找一找睡梦中的妈妈的样子。

（1）自由读文《妈妈睡了》，想一想：睡梦中的妈妈是什么样子的？

（2）学字词：哄人、先后、做梦、紧闭、等会儿、红润、呼吸、头发、粘住、汗水、额头、沙沙、乏力。

（3）自由读课文第2～4自然段，用"____"画出睡梦中的妈妈的样子。

◆出示：睡梦中的妈妈真美丽。睡梦中的妈妈好温柔。睡梦中的妈妈好累。

◆读出对妈妈的赞美，对妈妈的怜惜，对妈妈的爱。

3. 欣赏睡梦中的妈妈的样子。

（1）聚焦"美丽"。

◆ 读课文第 2 自然段,感受妈妈的美丽。

◆ 借助插图读词语:明亮的眼睛、弯弯的眉毛、红润的脸。

◆ 拓展:你觉得还有哪些词语可以形容美丽的妈妈?

◆ 出示:明亮的眼睛　　水汪汪的眼睛　　（　　）的眼睛

　　　　　乌黑的头发　　波浪似的头发　　（　　）的头发

◆ 齐读第 2 自然段。

（2）聚焦"温柔"。

◆ 读课文第 3 自然段,感受妈妈的温柔。

◆ 读一读:微微地笑着、笑弯了的嘴巴、笑弯了的眼角。

◆ 补白:妈妈又想好了一个什么故事,等会儿准备讲给我听?

◆ 齐读第 3 自然段。

（3）聚焦"累"。

◆ 读课文第 4 自然段,感受妈妈的劳累。

◆ 出示:妈妈的呼吸那么沉。她乌黑的头发粘在微微渗出汗珠的额头上。窗外,小鸟在唱着歌,风儿在树叶间散步,发出沙沙的响声,可是妈妈全听不到。

◆ 随机识字:额、汗、发。

◆ 填空:（乌黑)的头发　微微渗出汗珠的（额头)

◆ 联系生活:妈妈为什么这么累? 她每天需要做些什么?

◆ 齐读第 4 自然段。

4. 说一说睡梦中的妈妈的样子。

（1）出示积累卡:

美丽:明亮的眼睛　弯弯的眉毛　红润的脸

温柔:微微地笑着　笑弯了的嘴巴　笑弯了的眼角

劳累:微微渗出汗珠的额头

（2）借助积累卡上的内容,说说睡梦中的妈妈的样子。

（3）说一说:看到睡梦中的妈妈那么累,你想对她说什么? 为她做些什么呢?

出示：睡梦中的妈妈，您是那样累，您今天肯定因为_____而这么累，肯定还做了_____，做了_____。我想为您_____，让睡梦中的您看起来不再那么累，让您睡得更香甜。

（4）试着记录自己的妈妈睡梦中的样子，完成以下记录卡。

	说一说你的妈妈睡梦中的样子：
（画一画你的妈妈睡梦中的样子）	（　　　　）的眼睛 （　　　　）的眉毛 （　　　　）的脸 （　　　）的（　　　） （　　　）的（　　　） （　　　）的（　　　）

子任务三：记录有趣的家庭生活

活动一：晒晒我的手工

1. 晒一晒我的手工作品。

（1）将自己的一件手工作品带到学校，参加班级"手工作品展览会"。

（2）喜欢谁的手工作品，就把👍的贴纸送给他，每个人可送出五张贴纸。

（3）介绍自己最喜欢的手工作品，用"我最喜欢_____的手工作品，这是用_____做的_____，它看起来非常_____"来说一说。

（4）明确任务：今天要评选班级"手工作品展览会"的解说员。

2. 谈一谈制作过程。

（1）将获得最多贴纸的人选为班级"手工能手"，并将当选的手工作品放到班级讲台上进行展示。

（2）请"手工能手"上台说说手工作品的制作过程。

（3）交流"手工能手"的解说有哪些问题，重点关注"听得不明白""说得不清楚"。

（4）提供表达支架。

◆ 师出示一段折纸船的视频。

◆ 师示范表达。

出示：今天我要跟大家介绍的是做_____的过程。我先_____，再_____，然后_____，接着_____，最后_____。这样一来，我的手工作品_____就大功告成啦！

动词小锦囊：折、叠、压、剪、按、穿、装、涂、粘。

（5）说说自己的感受。

（6）出示评价表。

"手工作品展览会"解说员评价表

手巧			口齿伶俐		耳聪	
作品精	说名称	讲材料	有顺序	安静听	记信息	
👍👍👍	👍👍👍	👍👍👍	👍👍👍	👍👍👍	👍👍👍	

3. 学习记录信息。

（1）试着将自己做手工的过程说清楚。

（2）请刚才的班级"手工能手"再来说一说手工作品的制作过程。

（3）根据评价表评价"手工能手"说的内容，看看他在"手巧"和"口齿伶俐"方面可得到几个👍，是否有说清楚手工作品的名称，是否讲清自己所用的材料，是否按照一定的顺序来说，还有哪里需要改进。

（4）争当记录能手。

◆ 指名上台说手工作品的制作过程，其他同学试着记录。

◆ 反馈记录过程中的问题：不知道记录什么、来不及记录、记录顺序混乱。

◆ 方法引导：关注做手工过程中必不可少的动作或者步骤，这是需要记录下来的关键信息。

◆ 学习记录：按照一定的顺序从关键信息中提取词语，便于整理做手工的步骤。

◆ 再指名上台说手工作品的制作过程，请其他同学记录自己听到的信息，并说一说。表现好的同学可在"耳聪"方面得到 6 个 👍。

4. 小组合作说手工。

（1）组内交流自己是如何制作手工作品的。

（2）组内成员根据评价表互相评价。

（3）在听取大家的意见之后，自己再次进行练习。

（4）推选小组内的最佳解说员上台展示，其他同学认真听，记住相关信息。

活动二：亮亮我的玩具

1. 说一说玩具的特点。

（1）导入：每个人的童年都离不开各种各样的玩具，今天每个同学都带来了自己在家里最喜欢的玩具，我们一起来看一看。

（2）猜一猜：一个同学说自己玩具的特点，其他同学来猜，看看是否能猜中他最喜欢的玩具是什么。

（3）小结：从样子、用处、玩法、手感等方面进行描述，玩具的特点更加清晰，别人猜得更加准确。

（4）对照玩具名片，说一说。

我最喜欢的玩具——（　　　　　）		
样子	玩法	……

2. 学习写话的格式。

（1）出示范文。

		我	最	喜	欢	的	玩	具	是	一	只	玩	具	狗	。
它	全	身	雪	白	，	有	两	只	黑	黑	的	眼	睛	，	一
个	小	小	的	鼻	子	，	四	条	短	短	的	腿	，	还	有
一	条	小	巧	的	尾	巴	。	按	一	下	它	的	头	，	它
就	会	汪	汪	叫	，	还	会	跳	舞	呢	，	真	的	好	可
爱	！														

（2）明确格式：开头要空两格，标点符号占一格，写在方格纸上。

（3）再次练说：看着范文，练习说自己最喜欢的玩具，有顺序地介绍玩具的特点。

（4）发现问题：学生不知道如何将玩具的玩法说清楚。

3. 说一说玩具好玩的地方。

（1）师点拨："好玩"需要关注"玩"，用动词来说一说你是如何玩玩具的。

（2）同桌一起合作，交换玩具，相互介绍玩具的玩法。

（3）相互评价玩具的好玩指数"一般☆☆☆，很好玩☆☆☆☆☆"。

（4）推荐玩具好玩指数较高的同学上台来说一说。

4. 写一写我最喜欢的玩具。

（1）尝试写话：根据自己的玩具名片，试着写一写自己最喜欢的玩具。

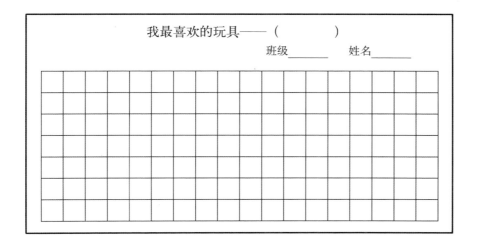

（2）可以在写话中参考运用以下词语：

小巧　　　鲜艳　　　雪白　　　漂亮　　　神气

毛茸茸　　胖乎乎　　亮晶晶　　水汪汪　　红扑扑

（3）出示评价表。

"我最喜欢的玩具"自主评价表

格式正确		介绍清楚		句子通顺
开头空两格	标点占一格	玩具的样子	好玩的地方	写完后认真读一读
☆	☆	☆	☆	☆
一共得到了（　　）颗☆				

5. 全课总结。

（1）师总结：我们在家中开心玩耍、快乐生活，我们在家中享受着家人的关爱和帮助，让我们一齐说出这四个字——我爱我家！

（2）齐读小诗，结束本单元学习：家是阳光，驱散伤心与苦恼；家是彩笔，绘出五彩斑斓的快乐瞬间；家是港湾，温馨而值得信赖。

第3讲　走遍祖国的名胜古迹

——统编教材二年级上册第四单元"实用性阅读与交流"
学习任务群设计

➡ 一、主题与内容

（一）任务群的归属

本单元编排了《古诗二首》《黄山奇石》《日月潭》《葡萄沟》《语文园地四》等内容。《义务教育语文课程标准（2022 年版）》中"实用性阅读与交流"学习任务群的学习内容提道："学习阅读说明、叙写大自然的短文，感受、欣赏大自然的奇妙与美好。""在车站、书店、超市、银行等社会场所中，学习认识有关标牌、图示、说明书等，了解公共生活规则，学会有礼貌地交流。"将本单元内容与课标要求进行分析比照，本单元以"实用性阅读与交流"学习任务群组织教学活动。

（二）主题的确定

本单元围绕"家乡"这一人文主题，编排了不同题材的文章，描绘了祖国的名山大川、风景名胜，展现了祖国山河的壮美景象。通过整个单元的学习，学生产生热爱祖国、亲近家乡的情感。根据以上分析，可将本单元的学习主题提炼为"走遍祖国的名胜古迹"，以此统领整个单元的学习。

（三）内容的组织

本单元的语文要素是"联系上下文和生活经验，了解词句的意思"。在主题任务教学中，要引导学生联系上下文和生活经验推测词义，并根据真实的交际情境与交流对象灵活使用词语，形成边读边思考的良好习惯，提高独立阅读能力。

单元学习目标	单元学习评价
1. 认识 55 个生字，读准 4 个多音字，会写 37 个字，会写 32 个词语。 2. 正确、流利地朗读课文。理解课文内容，背诵古诗和指定的课文段落。 3. 能联系上下文和生活经验，了解词句的意思。	1. 掌握本单元相关的生字词，在练习测评中正确运用。 2. 积累描写颜色的词语。背诵《古诗二首》《日月潭》第 2～4 自然段。 3. 能联系上下文和生活经验，说出关键词句的意思。
1. 展开想象，说说诗句描绘的画面。 2. 能仿写句子，表达对祖国大好河山的赞美之情。 3. 阅读《画家乡》，体会对家乡的赞美之情。	1. 能展开想象，说说诗句描绘的画面。 2. 能运用积累的好词创作佳句，表现祖国河山的美。 3. 制作家乡卡，感受家乡的美，表达对家乡的赞美。
1. 借助火车票上的信息认识 8 个生字，增强在生活中主动识字的意识。 2. 了解留言条的基本内容与格式，并能根据实际情况写留言条。	1. 能正确了解火车票上的信息，并尝试认识各类生活常用票据。 2. 能正确了解留言条的基本内容与格式，并能根据不同情境写留言条。

→ 三、情境与任务

（一）学习情境

基于"走遍祖国的名胜古迹"这一单元主题，我们根据低年级儿童的认知特点，创设了学生喜闻乐见的学习情境："小朋友们，你们玩过'大富翁游戏'吗？这个游戏是怎么玩的？这个单元让我们一起玩'大富翁游戏之玩转中国'。你们想玩吗？那还等什么，快进入游戏的世界吧！"据此，接下来的课文教学，从"集卡总动员"到"收集景点卡"再到"推荐家乡卡"，学生经历游戏闯关式的学习过程。在这样有趣的学习情境中，学生兴趣盎然，不知不觉就完成了单元任务的学习。

（二）任务框架

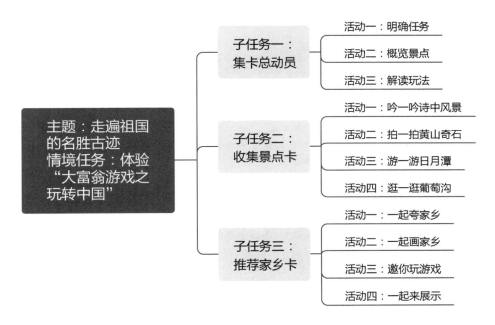

为了更好地完成三个学习任务，我们将情境任务作了活动分解，设计了结构化的活动链。

子任务一：集卡总动员。活动一是学习《语文园地四》中的"识字加油站"，了解火车票上的信息，并拓展认识各类生活常用票据。活动二是借助"游戏棋盘"，初步了解本单元课文介绍的景点。活动三是借助卡牌使用说明，了解本单元的学习评价标准。

子任务二：收集景点卡。通过"吟一吟诗中风景，拍一拍黄山奇石，游一游日月潭，逛一逛葡萄沟"等活动，学习本单元课文。

子任务三：推荐家乡卡。通过"一起夸家乡，一起画家乡，邀你玩游戏，一起来展示"等活动，将《语文园地四》的内容进行有机整合。

（三）课时规划

课时安排	学习内容
第1课时	明确任务群情境任务，了解火车票上的信息，借助"游戏棋盘"初步了解课文介绍的景点。
第2、第3课时	学习《古诗二首》，借助关键词句想象画面，感受鹳雀楼和庐山瀑布的壮美。
第4、第5课时	学习《黄山奇石》，借助"奇石"仿说仿写，介绍黄山的秀丽神奇。
第6、第7课时	学习《日月潭》，借助关键词句想象画面，介绍日月潭不同时段的美。
第8、第9课时	学习《葡萄沟》，借助关键词句，从不同方面介绍葡萄沟。
第10课时	学习《语文园地四》，制作家乡卡，拓展阅读。

四、活动与过程

子任务一：集卡总动员

活动一：明确任务

创设情境，明确任务。

（1）情境导入：小朋友们，你们玩过"大富翁游戏"吗？这个游戏是怎么玩的？这个单元让我们一起玩"大富翁游戏之玩转中国"。你们想玩吗？那还等什么，让我们进入游戏的世界吧！

（2）了解交通类票据：要想去这些景点，有时要乘飞机，有时要坐火车。让我们一起来认识一下交通类票据吧！

① 学习《语文园地四》中的"识字加油站"，说出从火车票上获取的信息。

② 联系生活理解"硬卧、下铺、限乘"等词语的意思。

③ 说一说生活中出行需要用到哪些票。

活动二：概览景点

1. 说一说：浏览单元内容，说一说即将前往哪些地方、哪些景点。

2. 认一认：在"游戏棋盘"中逐个标出景点的位置，说说对它们的了解。

活动三：解读玩法

1. 卡牌使用说明："读、背、说、写"集卡活动穿插在每一课的教学环节中，学生需完成指定任务方可获得相关卡牌，并按照不同景点卡的解锁要求使用相关卡牌。

（1）"读卡"举例。

一级"读卡"。朗读词语：风景、景色、风景如画。

二级"读卡"。朗读句子：那巨石真像一位仙人站在高高的山峰上，伸着手臂指向前方。

三级"读卡"。朗读课文《葡萄沟》。

（2）"背卡"举例。

一级"背卡"。背诵句子：有山皆图画，无水不文章。

二级"背卡"。背诵古诗《登鹳雀楼》。

三级"背卡"。背诵课文《日月潭》第2～4自然段。

（3）"说卡"举例。

一级"说卡"。理解说："隐蔽"在句子中是什么意思？

二级"说卡"。想象说：柳条像什么？

三级"说卡"。评价说：你喜欢葡萄沟吗？说说理由。

（4）"写卡"举例。

一级"写卡"。写好生字：写好每课的重难点生字。

二级"写卡"。拓展词语：根据颜色词语的构词规律，写出其他相关词语。

三级"写卡"。仿写句子：公园里的花都开了，有桃花、杏花、迎春花，

_____。

2. 游戏说明：

（1）旋转数字转盘，从起点开始游戏。

（2）拿取自己的代表物依照点数前进。

（3）完成停留地点格提示的任务。

集卡点：集"读卡""背卡""说卡""写卡"。

火车站、机场：抽取车票、机票并说出相关信息。

问询处：了解其他省份的著名景点信息。

服务区：休息一次。

景点处：需集齐相关卡牌，方可解锁对应的景点卡。

子任务二：收集景点卡

活动一：吟一吟诗中风景

1. 初识景点。

（1）情境导入：大富翁游戏之玩转中国，出发！今天，就让我们跟着唐代两位大诗人王之涣和李白去看祖国大好河山，赏别样美景。

（2）借助图片解诗题。

① 观察鹳雀楼图片，猜测鹳雀楼名字的由来。理解《登鹳雀楼》的题意，读题。

② 观察瀑布图片。理解《望庐山瀑布》的题意，读题。

2. 走进第一个景点。

（1）诵读吟唱，寻找景物：圈出《登鹳雀楼》中描写的景物。

（2）品读诗句，想象画面：说说读着诗句，仿佛看到了怎样的画面。

（3）交流汇报，赏读风景。

① 赏析：白日依山尽。

画一画：画一画山与日，理解"依"。

演一演：师生演一演相依在一起的场景。拓展理解依靠、依偎、依依不舍。结合情境用"依依不舍"说一句话。

看一看：观看日落的视频，体会"孤帆远影碧空尽，唯见长江天际流"中"尽"表达的意境。

② 赏析：黄河入海流。

看一看：观看黄河奔腾的视频，感受磅礴的气势，读诗句。

说一说：说说看到了怎样的画面。

（4）登高望远，品味哲理。

猜一猜：登高望远的王之涣的愿望是什么？

说一说：想要看得（远），就得站得（高）。相机理解"欲""穷"。

（5）收集二级"背卡"：准确背诵《登鹳雀楼》。

（6）小结：诗人积极向上、奋发昂扬的精神一直激励我们不断前行。

3. 走进第二个景点。

（1）迁移学法，自学古诗。

圈一圈：圈出《望庐山瀑布》中描写的景物。

想一想：边读边想象诗句描绘的画面。

画一画：把想象到的画面画下来。

读一读：读出诗歌的画面感。

（2）反馈交流，观赏美景。

① 观瀑布。

聚焦"香炉""紫烟"：香炉指什么？为什么会有紫烟？（香炉指香炉峰，紫烟是紫色的云霞）

聚焦"挂"：诗人看到的瀑布是怎样的？为什么是挂在山前的？（远远地看去，瀑布就像白色的绸缎挂在山前）

② 赏瀑布。

评一评：评价诗中的瀑布是"最（　　　）的水"。（最高的水，最急的水）

说一说：说出评价的理由。（飞、直下、三千尺、落九天）

想一想：你仿佛看到了什么？听到了什么？

（3）收集二级"背卡"：试着背诵全诗。

4. 说一说景物。

收集二级"说卡"：如果你是一名小导游，跟随诗人王之涣和李白游览完鹳雀楼和庐山瀑布后，会怎样介绍你看到的景物呢？结合下面的句式说一说。

各位游客，大家好！欢迎来到＿＿＿＿＿，大家请看：（结合所画的画介绍你看到的景物）＿＿＿＿＿＿＿＿＿＿＿＿＿＿＿＿＿＿。这么美的景色，怪不得诗人这样赞美它：＿＿＿＿＿＿＿＿＿＿＿＿＿＿＿＿＿＿＿＿＿＿＿＿。

5. 收集景点卡。

（1）明确景点卡兑换要求。

"鹳雀楼"景点卡兑换要求：二级"背卡"＋二级"说卡"。

"庐山瀑布"景点卡兑换要求：二级"背卡"＋二级"说卡"。

（2）兑换成功，解锁下一景点——黄山奇石。

活动二：拍一拍黄山奇石

1. 初识黄山。

（1）情境导入：上节课，我们在古诗里寻觅景色。这节课，让我们继续玩"大富翁游戏之玩转中国"，去往第三站——黄山，收集景点卡，拍一拍"黄山奇石"照。

（2）初识黄山。

读一读：自由朗读课文《黄山奇石》，读准字音，读通句子。

想一想：黄山给你留下了怎样的印象？

（3）收集一级"读卡"：正确认读以下三组词语。

第一组：中外闻名　风景区　安徽省　南部　秀丽　神奇　尤其

第二组：陡峭　翻滚　金光闪闪　奇形怪状

第三组：陡峭的山峰　翻滚的云海　金光闪闪的雄鸡　奇形怪状的岩石

（4）梳理脉络。

读文交流：课文介绍了哪些奇石？

点拨方法：初步探索奇石的名字的特点，体会奇石的特色。

2．欣赏奇石。

（1）自主欣赏第一块奇石"仙桃石"。

说一说：为什么叫"仙桃石"？

想一想：关注"飞下""落"两个词，想象"仙桃石"的样子。

读一读：带着喜爱之情，读一读第2自然段。

（2）小组合作，欣赏奇石。

① 欣赏第二块奇石"猴子观海"。

说一说：借助图片说一说这块石头的形状。

想一想：找一找描写"猴子"动作的词语，想象"猴子观海"的样子。

读一读：可加上动作朗读，读出神奇之处。

② 欣赏第三块奇石"仙人指路"。

说一说：假如你在黄山游玩，山路一转，突然看到远处高高的山峰上有这样一块石头，你会有怎样的感受？

想一想：观察"仙人"的动作，想象"仙人"指路时会跟游客说些什么。

读一读：反复朗读，感受奇特之处。

③ 欣赏第四块奇石"金鸡叫天都"。

借助图片观察这块石头的样子，想一想这块石头著名的原因。

（3）收集二级"读卡"：选择自己最喜欢的奇石，读好关于它的段落描写。

3．说一说其他奇石。

收集二级"说卡"：黄山的奇石真有趣啊！可惜文中没有介绍"天狗望月""狮子抢球""仙女弹琴"这些奇石。请发挥想象，像课文里那样用有趣的语言向大家介绍一下。

4．写一写生字。

收集一级"写卡"：写好本课生字。

5．收集景点卡。

（1）"黄山奇石"景点卡兑换要求：一级"写卡"＋一级"读卡"＋二级"读卡"＋二级"说卡"。

（2）兑换成功，解锁下一景点——日月潭。

活动三：游一游日月潭

1. 了解日月潭。

（1）情境导入：上节课，我们解锁了"黄山奇石"这张景点卡。这节课，让我们继续玩"大富翁游戏之玩转中国"，去往第四站——日月潭。

（2）读一读课题，学习"潭"字。

（3）顺势学习课文里另外两个跟水有关的生字"湖""岛"。

（4）读一读课文第 1 自然段，找一找日月潭的具体位置。

（5）收集一级"读卡"：理解并读好词语"群山环绕""树木茂盛""名胜古迹"。

2. 感受日月潭形状之美。

（1）自由读课文第 2～4 自然段。

（2）同桌交流：哪些地方让你感受到日月潭之美？

（3）再读第 2 自然段，感受日月潭形状之美。

（4）观察日月潭图片。根据第 2 自然段的第二句话，辨一辨日潭和月潭。

（5）根据第 2 自然段的第一句话，了解日月潭湖水的特点。

（6）去掉关键词，尝试自主背诵。

日月潭很（　　　），湖水（　　　　）。湖（　　　）有个美丽的小岛，把湖水分成两半，（　　　）像圆圆的太阳，叫（　　　）；（　　　）像弯弯的月亮，叫（　　　）。

3. 感受日月潭风光之美。

（1）自由读第 3、第 4 自然段，边读边想：如果你要游玩日月潭，你会选择什么时候去？

（2）填写卡片，四人小组讨论。

```
┌─────────────────────────────────┐
│  我选择：（请在方框内打√）          │
│    1. 清晨□    中午□              │
│    2. 晴天□    雨天□              │
│    理由：_____  │
│    _____    │
└─────────────────────────────────┘
```

（3）全班交流，发现第 3、第 4 自然段中藏着一组反义词"清晰——

朦胧"。

（4）讨论：日月潭在哪两种情况下是朦胧的？

◆ 清晨的朦胧之美：清晨，湖面上飘着薄薄的雾。天边的晨星和山上的点点灯光，隐隐约约地倒映在湖水中。

◆ 雨天的朦胧之美：要是下起蒙蒙细雨，日月潭好像披上轻纱，周围的景物一片朦胧，就像童话中的仙境。

（5）交流日月潭清晰之美。

◆ 中午的清晰之美：中午，太阳高照，整个日月潭的美景和周围的建筑，都清晰地展现在眼前。

（6）结合第1、第2自然段的内容，说一说在阳光下可能会看到的美景。

（7）收集二级"读卡"：边读边想象，读出日月潭的朦胧之美和清晰之美。

（8）收集三级"背卡"：借助关键词积累背诵第2～4自然段。

第2自然段：湖水　湖中央　北边　南边

第3自然段：清晨　薄薄的雾　晨星　灯光

第4自然段：太阳　清晰　蒙蒙细雨　朦胧

4. 介绍日月潭之美。

收集三级"说卡"：试着当一回小导游，介绍一下日月潭，要说清楚它的位置，要说出它的秀丽风光。

5. 书写指导。

（1）写好本课比较难写的字，如"迹、展、湾、胜"等字。

（2）收集一级"写卡"：将本课半包围结构的生字书写端正、美观。

6. 收集景点卡。

（1）"日月潭"景点卡兑换要求：一级"读卡"＋一级"写卡"＋二级"读卡"＋三级"背卡"＋三级"说卡"。

（2）兑换成功，解锁下一景点——葡萄沟。

活动四：逛一逛葡萄沟

1. 走进葡萄沟。

（1）情境导入：上节课，我们游览了日月潭。这节课，我们来到了"大富翁游戏之玩转中国"第五站——葡萄沟。一听这个名字就觉得这是一个好地方,让我们赶快解锁这个新景点吧!

（2）读一读课题,学习"沟"字。

（3）带着问题,初读课文:上节课,我们知道了日月潭之所以叫日月潭是因为它的形状。这节课,让我们去课文中找一找葡萄沟名字的由来。

（4）学习多音字"种""好""干""分"。

（5）顺势学习生字"份",区分"分"和"份"。

（6）交流名字由来:这个地方盛产葡萄,所以叫葡萄沟。

（7）读一读课文最后一个自然段,想一想葡萄沟好在哪里,说说理由。

2. 学习第 1 自然段。

（1）自由读第 1 自然段,边读边想葡萄沟是个怎样的地方。

（2）按时间顺序梳理葡萄沟出产的水果。

（3）读好第 1 自然段的第二句话,感受人们对葡萄的喜爱。

3. 学习第 2 自然段。

（1）自由读第 2 自然段。

（2）借助图片认识"梯田"。

（3）结合课文中的第二幅插图,理解"茂密的枝叶、绿色的凉棚"。

（4）读一读第 2 自然段的第三句话,说说葡萄成熟后的景象。

◆ 葡萄一大串一大串地挂在绿叶底下,有红的、白的、紫的、淡绿的,五光十色,美丽极了。

（5）积累描写颜色的词语。

（6）收集二级"写卡":模仿"淡绿"颜色词语的构词规律,写出相关词语。

（7）联系上文,理解"五光十色"体现葡萄颜色多,且有光泽。

（8）收集二级"读卡":朗读长句子,读好颜色词语间的停顿。

（9）收集三级"写卡":仿写句子二选一。

◆ 公园里的花都开了,有桃花、杏花、迎春花,_____。

◆ 下课了,同学们在操场上活动,_____,处处欢声笑语,热闹极了。

（10）理解"准,最甜,吃个够",读出维吾尔族老乡的热情好客。拓展学习"玩个够,喝个够,聊个够"。

(11) 收集三级"读卡"：读好第 1、第 2 自然段。

4. 学习第 3 自然段。

(1) 自由读第 3 自然段，想一想葡萄干是在哪里制作的。

(2) 给葡萄干制作流程排序（在括号里填入相应的序号），并说一说葡萄干的制作过程。

> （　　）摘下来运到晾房。
>
> （　　）利用流动的热空气，让水分蒸发掉。
>
> （　　）成了葡萄干。
>
> （　　）把葡萄挂在木架子上。

(3) 想一想如果你是维吾尔族老乡，你会怎么向游客介绍这里的葡萄干。

◆ 这里的葡萄干颜色_____，味道_____，香味_____。

(4) 收集三级"说卡"：你喜欢葡萄沟吗？说说理由。

5. 书写指导。

(1) 学写"份、坡、枝、收、城"等左右结构的生字，注意左窄右宽。

(2) 收集一级"写卡"：写好本课左右结构的生字，要求书写端正、美观。

6. 收集景点卡。

(1) "葡萄沟"景点卡兑换要求：一级"写卡"＋二级"写卡"＋二级"读卡"＋三级"写卡"＋三级"读卡"＋三级"说卡"。

(2) 兑换成功，解锁终极关卡：我的家乡。

子任务三：推荐家乡卡

活动一：一起夸家乡

1. 情境导入：上节课，我们游览了葡萄沟。这节课，我们来到了"大富翁游戏之玩转中国"终极站——我的家乡。让我们一起走进《画家乡》，解锁终极关卡吧！

2. 阅读《画家乡》。

（1）出示学习提示：

◆ 自由读文章，不认识的字借助拼音多读几遍，难读的句子反复读。

◆ 给自然段标序号。

◆ 说说文章介绍了哪些小朋友的家乡。

（2）交流：文章介绍了涛涛、山山、平平、青青、京京五位小朋友的家乡。

3. 收集一级家乡卡：说说你最喜欢谁的家乡，说出理由。

4. 有感情地朗读文章。

活动二：一起画家乡

1. 一起画家乡：画一画自己的家乡，夸一夸自己的家乡吧！

> **我的家乡**
>
> | 画一画家乡最美的景色 |
> | --- |
> | |
>
> 我的家乡是_____。它在_____（地理位置）。
>
> 这里_____
>
> _____（景物特点）。
>
> 词语宝库：
>
> 风景如画　景色秀美　名不虚传　群山环绕　树木茂盛
>
> 名胜古迹　山清水秀　风景优美　五光十色　雄伟壮观

2. 集卡大行动。

（1）收集二级家乡卡：结合图画，借助相关句式，夸一夸家乡。

（2）收集三级家乡卡：结合图画，借助相关句式，选择合适的词语，夸一夸家乡。

3. 家乡棋盘我创作。

（1）激趣：家乡美景如画，让我们一起来绘制"大富翁游戏之玩转家乡"棋盘吧！

（2）出示棋盘样本(样本参照"大富翁游戏之玩转中国")，小组合作绘制棋盘。

活动三：邀你玩游戏

1. 创设情境，帮助小刚解决烦恼。

（1）了解小刚的烦恼：10月15日上午，小刚去找小明玩，可是小明不在家。小刚想下午两点再来找小明一起玩自己制作的"大富翁游戏之玩转家乡"棋，可是他又担心小明吃完午饭就出门了。

（2）想一想：你们有什么好办法帮助小刚吗？(引出留言条)

2. 了解留言条的作用。

留言条作用大：小小留言条，作用可不小，俩人不见面，话儿也传到。

3. 学习留言条格式。

（1）熟悉留言条内容。

				留	言	条				
小	明	:								
		早	上	找	你	，	你	不	在	家	。
下	午	两	点	，	我	再	来	找	你	，	我
们	一	起	玩	"	大	富	翁	游	戏	之	玩
转	家	乡	"	棋	。					
							小	刚		
					10	月	15	日	上	午

（2）厘清留言条内容四要素：称呼、正文、署名和日期。

（3）读儿歌，进一步掌握留言条格式。

留 言 条 儿 歌

写给谁，要顶格，

小冒号，紧跟上。

另起行，空两格，

什么事，要写清。

谁写的,右下角,

日期呀,在最后!

4. 练写留言条:根据下面的情况,写一张留言条。

10 月 27 日中午,你去办公室还书,但是黄老师不在。

（1）写一写留言条。

（2）关注留言条内容和格式,进行评价。

活动四:一起来展示

1. 棋盘我来秀:小组轮流展示制作好的棋盘,着重说一说玩法创新之处。

2. 一起玩游戏:小组合作玩"大富翁游戏之玩转中国""大富翁游戏之玩转家乡",巩固本单元学习成果,提高合作能力,增进同学间的友谊。

第4讲　探秘大自然

——统编教材二年级下册第六单元"实用性阅读与交流"
学习任务群设计

▶ 一、主题与内容

（一）任务群的归属

本单元由《古诗二首》《雷雨》《要是你在野外迷了路》《太空生活趣事多》四篇课文及《语文园地六》组成。单元写话要求学生把对大自然的疑问用问句形式写下来，与小伙伴交流。

本单元蕴含丰富的自然科学知识。古诗《晓出净慈寺送林子方》《绝句》描绘了自然风光；科普短文《雷雨》描写了夏季雷雨景象；儿童诗《要是你在野外迷了路》介绍了"天然的指南针"；科学小品文《太空生活趣事多》介绍了有趣的太空生活知识。本单元教学对应《义务教育语文课程标准（2022 年版）》中"实用性阅读与交流"学习任务群第二学段的第 2 条学习内容："学习阅读说明、叙写大自然的短文，感受、欣赏大自然的奇妙与美好。学习用日记、观察手记等，展示自己观察自然、探索科学世界的收获。"因此，本单元以"实用性阅读与交流"学习任务群组织教学活动。

（二）主题的确定

本单元的课文中，既有描写自然景色的古诗，也有描绘天气现象、介绍太空奥秘的文章。课文语言生动、内容丰富，展示了大自然的无穷魅力。单元写话要求学生把对大自然的疑问用问句形式写下来。这一单元所有的内容都指向核心词"自然秘密"，因此，将本单元的学习主题提炼为"探秘大自然"。

（三）内容的组织

本单元的学习要素是"提取主要信息，了解课文内容"，这是在"找出课文中的具体信息""整合信息，作出推断"基础上的提升。学习本单元时，还要关注"联系生活经验，了解课文内容"，如：学习《要是你在野外迷了路》，可联系生活经验，了解辨别方向的方法；学习《太空生活趣事多》，可通过对比日常生活和太空生活，感受太空生活的新奇有趣等。在学习的过程中，要求学生调动生活积累，获得感受和体验，产生探索自然科学的兴趣。

➡ 二、目标与评价

单元学习目标	单元学习评价
1. 识记本单元 43 个生字，读准 1 个多音字，会写 34 个词语。 2. 正确、流利、有感情地朗读课文，能背诵本单元古诗和《雷雨》，能正确默写古诗。	1. 掌握本单元的生字词，在练习测评中正确运用。 2. 能背诵本单元古诗和《雷雨》，并能正确默写古诗。
1. 通过提取关键信息，了解季节特点、天气变化、四种"天然的指南针"及太空生活知识。 2. 能联系生活经验，通过想象画面、对比日常生活等方法，了解课文中介绍的自然知识。	1. 能通过制作《大自然探秘指南》，记录大自然的秘密。 2. 结合情境，通过一系列实践活动把阅读中获得的知识信息转换为语用经验，为生活服务。
1. 认读有关场馆名称的字词，并通过参观场馆学习自然知识。 2. 分享建设和管理班级图书角的建议，开展"好书推荐"活动。 3. 记录自己在探秘过程中产生的问题，制作"问题卡"。	1. 能通过图文结合的方式，制作"场馆打卡指南""阅读指南"等，记录自己的学习收获。 2. 利用"问题卡"交流自己对大自然的疑问，展示自己观察、探索自然的收获。

（一）学习情境

基于"探秘大自然"这一单元主题，我们可以创设这样一个学习情境："小朋友们，大自然奇妙无比，里面有无穷无尽的奥秘。让我们跟随课文开启神奇的'自然探秘'之旅，做一回'大自然的探秘者'，记录新奇的发现，完成一本《大自然探秘指南》。"

围绕"制作《大自然探秘指南》"这一任务，教学时，引导学生和探秘伙伴川川一起寻找四季，制作"四季寻找指南"；观测天气，制作"天气观测指南"；辨别方向，制作"方向辨别指南"；打卡场馆，制作"场馆打卡指南"；等等。将探秘自然的收获、方法都记录在《大自然探秘指南》中。在学习的过程中，学生参与调查、体验与探究活动，这指向了"实用性阅读与交流"学习任务群的课程目标。

（二）任务框架

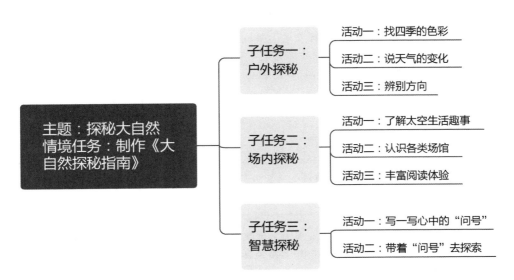

为了更好地完成三个学习任务，我们将情境任务作了活动分解，设计了结构化的活动链。

子任务一：户外探秘。活动一是学习本单元古诗，制作"四季寻找指南"；活动二是学习《雷雨》，制作"天气观测指南"；活动三是学习《要是你在野外迷了路》，制作"方向辨别指南"。

子任务二：场内探秘。活动一是学习《太空生活趣事多》，制作"太空生活体验指南"；活动二是了解各大场馆，制作"场馆打卡指南"；活动三是学习"展示台"，分享文明借阅的经验以及与大自然有关的好书。

子任务三：智慧探秘。活动一是结合自己的探秘经历，制作"问题卡"；活动二是学习《最大的"书"》，结合"问题卡"，继续探秘自然。

（三）课时规划

课时安排	学习内容
第1、第2课时	1. 揭示单元学习主题：探秘大自然。 2. 学习本单元古诗，制作"四季寻找指南"。
第3课时	学习《雷雨》，感受雷雨前、中、后景色的变化，制作"天气观测指南"。
第4课时	学习《要是你在野外迷了路》，利用文中"天然的指南针"，帮助迷路的川川脱困。
第5课时	学习《太空生活趣事多》，打卡"太空生活体验区"，了解太空生活趣事。
第6、第7课时	1. 学习《语文园地六》，修改川川的书信，学写"含""迎"等生字，并跟着导航认识各类场馆。 2. 学习"展示台"，交流图书角管理的妙招，分享阅读心得。
第8、第9课时	1. 学习"写话"，记录自己在探秘过程中产生的问题，制作"问题卡"。 2. 学习《最大的"书"》，结合自己的"问题卡"，继续探秘自然。

子任务一：户 外 探 秘

活动一：找四季的色彩

1. 创设整组课文的主题情境。

（1）创设主题情境：天为什么会下雨？蚂蚁为什么忙着搬家？大自然奇妙无比，里面有无穷无尽的"问号"等着我们去探索。这个单元，让我们跟随课文开启"自然探秘"之旅，并把旅行中发现的秘密记录在《大自然探秘指南》中。

（2）概览单元内容：浏览单元内容，认识《最大的"书"》中的人物——川川，明确接下去要和川川一起踏上"自然探秘"之旅，揭开大自然的秘密。

2. 找夏季——学习《晓出净慈寺送林子方》。

（1）播放川川的语音：小朋友们好！让我们一起踏上"自然探秘"之旅吧！在《找春天》这篇课文里，我在"小草从地下探出头来"等语句里找到了春天，并把它们记录在《大自然探秘指南》里的"四季寻找指南"中，还配上了插图。其他季节藏在哪儿呢？让我们去古诗里找一找，完成"四季寻找指南"吧！

四季寻找指南

途径	季节	线索	景色
《找春天》	春	小草从地下探出头来，解冻的小溪叮叮咚咚……	（插图）
《晓出净慈寺送林子方》			
《绝句》			
《悯农》			

（2）读诗题，提取信息：诗题中藏着哪些信息？（时间、地点、人物、事件）

（3）识生字，读出诗韵：读准"慈、竟、映"，归类识记"晓、映"。

（4）找夏天，抓主要信息。

① 交流反馈。

◆ 接天莲叶无穷碧

抓住词语"接天""无穷""碧"，体会莲叶长得青翠碧绿，密密层层，无边无际。

◆ 映日荷花别样红

抓住词语"映日""别样红"，体会荷花在阳光照耀下，颜色格外鲜艳娇红。

② 再读诗句，读出莲叶、荷花的美。

（5）写一写古诗，写好生字，并完成"四季寻找指南"夏季篇。

3. 找早春——学习《绝句》。

（1）结合资料，了解绝句的特点。

（2）诵读古诗，识记生字：读准"甫、岭、鸣、行"，理解"泊"。

（3）寻找早春，品读悟境。

① 寻找诗中景色。（黄鹂、白鹭、翠柳、青天、西岭山）

② 讨论描绘景色的要点。

要点一：色彩

抓住诗中描写颜色的词语（黄、白、翠、青），体会早春美景的勃勃生机与缤纷色彩。

要点二：特点

黄鹂：抓住"鸣"字，想象对话，体会黄鹂的快乐。

翠柳：判断"一株"还是"很多株"，体会春天的生气勃勃。

鹭：抓住"上"字，感受白鹭的自由和快乐。

西岭雪山：抓住"含"字，借助图画，知道诗人是透过窗户欣赏山上的积雪的。

③ 用多种形式读古诗，读出早春的美。

（4）写一写古诗，写好生字，完成"四季寻找指南"早春篇。

4. 寻四季——完成"四季寻找指南"。

（1）合作学习《悯农》。

① 寻找主要信息，合作完成"四季寻找指南"秋季篇。

② 抓住词语"万颗子""无闲田",体会秋天硕果累累的自然景象。

③ 体会农民的辛勤劳动,明白要珍惜粮食。

(2) 课外自主学习,选择一首描写冬季的古诗,完成"四季寻找指南"冬季篇。

(3) 交流展示"四季寻找指南",并借助评价表相互评价。

评价标准	自评	互评
书写正确、端正。		
季节特色鲜明。		
图文对应,生动美观。		

活动二:说天气的变化

1. 情境导入。

(1) 读日记,明确任务。

① 读一读川川的日记。

---

7 月 23 日　　　晴转雷雨　　　星期天

　　今天下午,我去植物园照看蔬菜,并打算做观察记录。可我刚到基地就下起了大雨,没有完成任务。唉,如果可以观测到天气的变化,那该多好啊!

---

② 明确任务:制作"天气观测指南",协助在户外探秘自然的伙伴观测天气。

(2) 讨论观测天气的方法。

方法一:认识天气符号,学会看天气预报。

方法二:观察自然景物,发现变化的规律。

2. 初读《雷雨》。

(1) 读课文,随文识字:读准"压、蝉、垂、户、扑",认识"蝉、户、扑"。

(2) 再读课文,厘清脉络:选择天气符号图标,贴在相应的自然段旁。

3. 完成雷雨前"天气观测指南"。

(1) 读第1~3自然段,圈出雷雨前作者观察到的景物。

（2）说说这些景物在雷雨前的变化。

◆ 乌云

理解词语"满天""黑沉沉"，感受乌云的多。

体会"压"的妙用，感受雷雨前的可怕、沉闷。

◆ 叶子、蝉

展开情境对话，体会雷雨前的闷热和压抑。

◆ 大风、蜘蛛

理解词语"乱摆""逃走"，体会雷雨前的风很大。

通过换词对比，理解"垂"，体会蜘蛛的紧张、害怕。

◆ 闪电、雷声

结合生活经验，用"越……越……"说说雷雨前其他景物的变化。

（3）有感情地朗读，读出自己的感受。

（4）完成雷雨前"天气观测指南"。

天气观测指南

（天气符号）	_____云，_____沉沉地_____下来。
	蜘蛛从网上_____下来。

（5）互相交流自己制作的"指南"，并借助评价表评价。

评价标准	自评	互评
正确运用天气符号，清楚描写自然现象。		
书写正确，字迹端正。		
语句通顺，观测精准。		

4. 完成雷雨中、雷雨后"天气观测指南"。

（1）自主学习：寻找主要信息，利用"天气符号＋自然现象"，合作完成雷雨中、雷雨后"天气观测指南"。

（2）交流成果。

【雷雨中】

◆ 哗，哗，哗，雨下起来了。

朗读表演，体会雨声很响，雨很大。

◆ 往窗外望去，树啊，房子啊，都看不清了。

结合生活经验，说说雨中景色。

◆ 渐渐地，渐渐地，雷声小了，雨声也小了。

对比朗读，读出雨声的变化。

【雷雨后】

◆ 天亮起来了。打开窗户，清新的空气迎面扑来。一条彩虹挂在天空……

（3）修改并交流雷雨前、中、后的"天气观测指南"。

5. 补充"天气观测指南"。

课后查找资料，了解其他的天气现象，继续补充"天气观测指南"。

活动三：辨别方向

1. 解读一封求助信。

（1）了解求助信内容。

求　助　信

××老师：

　　您好！我去户外探秘，与向导走散了。这里树木枝叶稠密，沟渠纵横。我没带指南针，实在无法辨别方向，在林子里乱闯了很久，却没碰到一个人，心里很慌张。我会永远被困在这里吗？请帮我想想办法吧！

自然探秘员　川川

（2）读求助信，认写生字：认读"导、稠、渠、实、辨、慌、闯、永"8 个生字，学写"帮、助、导、碰、指、针、永"7 个生字，理解"沟渠、辨别、慌张、稠密"的词义。

（3）析求助信，明任务：川川在野外探秘时迷路了，他急需我们的帮助。让我们把他拉入班级微信群,通过语音连线来帮助他吧!用什么方法帮他呢?一起到课文中寻找答案。

2. 探索"天然的指南针"。

(1)探索大自然里藏着的"天然的指南针"。

① 自由读课文《要是你在野外迷了路》,读准字音。

② 圈出文中介绍的"天然的指南针",小组合作完成"方向辨别指南"。

方向辨别指南

天然的指南针	具体用法

(2)交流反馈。

3. 寻找脱险妙招。

(1)寻找妙招一。

① 读第2小节,说说自己的发现:通过梳理"什么""在哪里""怎么辨别",把方法说得清楚、明白。

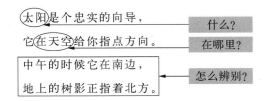

② 通过微信语音,告诉川川这个妙招。

③ 对照评价表评价。

要素	标准	星级
有声	语音响亮,正确清晰。	
有招	条理清晰,简洁明了。	

要素	标准	星级
有法	内容恰当,方法有效。	
有情	语速恰当,情感真挚。	

④ 播放川川的语音回复:谢谢同学们,你们的方法很好,可是我这里没有太阳,还下着雨呢!怎么办?

(2)寻找妙招二。

① 读第4小节,说说自己的发现:通过梳理"什么情况""什么""怎么辨别",把方法说得清楚、明白。

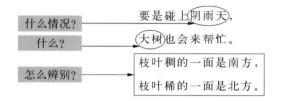

② 通过微信语音,告诉川川这个妙招。

③ 对照评价表(同上)评价。

④ 播放川川的语音回复:现在没雨了,可是已经是晚上了,四周黑乎乎的,看不清枝叶哪边稠哪边稀,第二个方法也用不上,怎么办? 还有其他办法吗?

(3)寻找其他妙招。

① 借助学习资料包,小组合作学习。(资料一"北极星指引方向的动态变化图和文字介绍",资料二"沟渠里积雪融化的视频")

② 组内讨论,选择妙招,说说方法。

③ 小组代表发送语音给川川。

④ 播放川川的语音回复:我终于找到了方向,走出了树林。非常感谢,你们的方法真管用!

4. 跨媒介寻觅新路径。

联系生活,通过查资料或采访经验丰富的人,如科学老师、户外达人、旅游爱好者等,继续补充"方向辨别指南"。

子任务二:场 内 探 秘

活动一:了解太空生活趣事

1. 走进科技馆。

(1)导入:前几节课,我们一直在户外探秘自然。今天,我们将走进室内——科技馆里的"太空生活体验区",探索更辽阔的空间。

(2)观看视频,了解词语"宇宙"。

(3)播放航天员老师的语音:小朋友们好! 欢迎你们来到科技馆里的"太空生活体验区",当一回小小航天员,来一场神奇的太空旅行。

2. 探索宇宙飞船。

(1)挑战一:了解飞船。

① 借助图片,了解飞船结构。

② 聚焦"舟字旁",发现"舟字旁"的字大多和船有关。

③ 认识神舟载人飞船。

(2)挑战二:认识太空生活用品。

① 出示词组:带吸管的饮水袋、固定的睡袋、特制的扶手、密封浴桶、免洗湿巾。

② 认识生字"饮、固"。

③ 借助图片,正确认读太空生活用品的名称。

(3)挑战三:扩词游戏。

① 出示"宇、航、员",分别扩词。

宇(宇宙)(宇宙飞船)　航(　　　)(　　　)　员(　　　)(　　　)

② 自选生字扩词。

3. 解密太空生活趣事。

(1)自读探趣。

① 自读课文,圈出课文中介绍的太空生活趣事。

② 借助句式,介绍太空生活趣事。(在太空中生活,_____、_____、

_____和_____都很有趣。）

（2）内化品趣。

① 小组合作,讨论太空生活与地球生活的不同之处,完成"太空生活体验指南"。

太空生活体验指南

内容	在地球	在太空
睡觉		
		靠特制的扶手等设施稳定身体
	用杯子喝水	
洗澡		

② 观看航天员在太空生活的视频。可以自己加上动作演一演,感受趣味。

4. 介绍注意事项。

（1）过渡:川川也想来"太空生活体验区",为了让他得到更好的体验,让我们开直播告诉他和其他探秘员们参加体验时的注意事项。

（2）师生合作,梳理"睡觉"的注意事项。

① 找主要信息:睡觉时要"怎么做"以及"这么做的原因"。

② 关注词语:"必须""不然"。

③ 用上"必须""不然",说出"怎么做＋原因",把注意事项说清楚。

（3）小组合作,梳理"活动""喝水""洗澡"的注意事项。

（4）开启直播:小朋友们,你们好!我在科技馆的"太空生活体验区"为你们直播。在这里,你们将体验到航天员在太空的生活。这里有几点温馨提示,

_____。

（5）指名上台交流，其他同学评价。

评价标准	自评	互评
表达清晰流畅，有礼貌。		
注意事项内容简要、清楚。		
重点突出，能引起大家的重视。		

5. 探秘太空生活。

自主制订任务，继续探索太空生活趣事，完善"太空生活体验指南"。

活动二：认识各类场馆

1. 读川川的书信。

（1）读一读书信。

（2）修改书信中的错别字，并交流书写要点。

① 笔画容易多写或者少写的字：含、迎、留。

② 结构易写错的字：荡、满、敬。

（3）在田字格中正确、端正地书写生字。

2. 认读场馆的名称。

（1）读一读词语：博物馆、展览馆、科技馆、体育馆。

（2）运用不同的方法识字。

（3）观察这组词语，说说发现。

预设1：这些词语中都有"馆"字。

预设2：在"馆"字前面的词语，体现此场馆的功能。

3. 联系生活，认识场馆。

（1）连一连：把场馆名称和对应的图片连一连。

（2）认一认：跟着导航认识当地的各大场馆，准确认读场馆名称，并介绍这些场馆的功能。

（3）分一分：将这些场馆分类，了解哪些场馆能帮助我们探索自然。

4. 制作场馆打卡攻略。

（1）制作并分享"场馆打卡指南"。

场馆打卡指南

场馆名称	
开放时间	
地理位置	
馆内推荐打卡点	
推荐理由	

（2）选择一处场馆打卡，并给自己喜欢的场馆画一幅画，或者制作场馆打卡视频。

活动三：丰富阅读体验

1. 回顾《图书借阅公约》。

（1）回顾学习本册第五单元"口语交际"时制订的《图书借阅公约》。

（2）交流近期实行公约之后的图书借阅情况。

2. 讨论建设、管理图书角的方法。

（1）分享建设图书角的方法：把自己的书"借给"班级、对班级图书进行分类整理等。

（2）分享管理图书角的方法：创建借阅查询表、制作个性借阅卡等。

3. 展示近期的阅读收获。

（1）分享探秘自然过程中的阅读收获，制作"阅读指南"。

阅读指南

班级		姓名	
书名		作者	
我收获的"大自然的秘密"			

　　我最近读了《　　　　　》这本书，书里的 _____ 内容十分吸引我，它讲了 _____ ，让我知道了 _____ 这个大自然的秘密。我认为 _____ 这部分内容最值得去读，因为里面 _____ 这个知识对我们很有帮助。

（2）根据评价标准评选"阅读之星"。

评价标准	自评	互评
这段时间，我看了很多有关"自然奥秘"的书。		
我推荐的图书里藏着很多大自然的秘密。		
我的阅读分享十分有趣。		
借阅班级图书时，我能遵守班级《图书借阅公约》。		

（3）根据推荐书目，继续开展阅读活动。

子任务三：智 慧 探 秘

活动一：写一写心中的"问号"

1. 遇见有趣的"问号"。

（1）交流《大自然探秘指南》，说说自己的收获。

（2）读一读"写话"中的小诗。

（3）发现小诗的特点。

（4）聊一聊：在哪儿见过"问号"？什么时候会用到"问号"？

2. 探讨各种"问号"。

（1）探讨诗中的"问号"。

① 关注句子："为什么雨后天上挂着彩虹？""下雨前蜘蛛逃到哪儿去了？""是谁告诉蝉要下雨了？"发现川川在学习《雷雨》时，看到了文中的"彩虹、蝉、蜘蛛"，产生了"问号"。

② 关注句子："为什么星星会眨眼睛？""花为什么是五颜六色的呢？""树叶的形状为什么是各种各样的？"发现川川在户外探秘时，看到了这些自然现象，产生了"问号"。

（2）探讨生活中的"问号"。

① 结合自己的经历，说说探秘之旅中产生的"问号"。

② 分类梳理"问号"。

问题来源不同：阅读中的思考、生活中的观察等。

问题角度不同：看到的、听到的、闻到的、摸到的等。

问题对象不同：针对同一事物（现象）提问，针对不同事物（现象）提问。

3. 发现写好"问号"的密码。

（1）密码一：写规范。

观察示例，发现格式要求：开头空两格，一问占一排，句末加问号。

（2）密码二：写生动。

① 圈出示例中的疑问词，交流：示例中运用了不同的疑问词，疑问词的位置不一样。

② 比一比，发现：疑问词位置不同，能让句子更加生动。

疑问词位置不同	疑问词位置相同
为什么星星会眨眼睛？ 为什么雨后天上挂着彩虹？ 树叶的形状为什么是各种各样的？ 花为什么是五颜六色的呢？	为什么星星会眨眼睛？ 为什么雨后天上挂着彩虹？ 为什么树叶的形状是各种各样的？ 为什么花是五颜六色的呢？

③ 说一说自己知道的其他疑问词。

（3）密码三：写丰富。

从不同的角度提问，句子会写得更丰富。

4. 写写自己的"问号"。

（1）写下自己的"问号"。

（2）根据评价标准，组内互相评价，并提出修改意见。

评价标准	自评	互评
能用正确的格式书写。		
能提出关于大自然的问题。		
能用上不同的疑问词。		
能从不同的角度提问。		

（3）修改自己的"问号"。

活动二：带着"问号"去探索

1. 看看科学家的发现。

（1）观看微课《牛顿与苹果的故事》。

微课内容：牛顿坐在苹果树下，一个苹果落下来，正好砸在他的脑袋上，牛顿就冒出了一个"问号"——苹果为什么只会往下落，而不会往上飞呢？他反复思考这个问题，后来经过不断探索，终于发现了万有引力定律。

（2）交流体会：伟大的发现和发明往往是从提出问题开始的。

2. 说说川川的发现。

（1）自主阅读《最大的"书"》。

（2）梳理川川和叔叔的对话。

（3）用自己的话说说川川的发现。

3. 探寻更多的发现。

（1）梳理自己的问题，挑选出自己认为有价值的问题，制成《大自然探秘指南》的封底——"我的问题卡"。

（2）选择问题，尝试通过请教他人、查看书籍、上网查资料等方式解决问题，探索新发现。

第5讲 这边风景独好

——统编教材三年级上册第六单元"实用性阅读与交流"
学习任务群设计

▶ 一、主题与内容

（一）任务群的归属

本单元编排了《古诗三首》《富饶的西沙群岛》《海滨小城》《美丽的小兴安岭》
四篇课文以及《习作：这儿真美》《语文园地》等内容。

《义务教育语文课程标准（2022年版）》中"实用性阅读与交流"学习任务群
第二学段的第2条学习内容提到："学习阅读说明、叙写大自然的短文，感受、欣
赏大自然的奇妙与美好。学习用日记、观察手记等，展示自己观察自然、探索科
学世界的收获。"本单元课文都是叙写自然的文章，本单元的习作要求是"把身边
的美景介绍给别人，展示自己观察自然的收获"，这些内容与课标中的要求相对
应。可见，本单元的教学目标明确，教学功能突出，阅读和习作的任务都具有实
用指向。因此，本单元以"实用性阅读与交流"学习任务群组织教学活动。

（二）主题的确定

本单元围绕"祖国山河"这一主题编排了四篇课文，介绍了自然风光之美。
《古诗三首》介绍了天门山的雄奇壮丽美，西湖"淡妆浓抹总相宜"的适宜美，洞庭
湖的淡雅宁静美；《富饶的西沙群岛》介绍了西沙群岛优美的风景、丰富的物产；
《海滨小城》介绍了海滨小城的美丽风光；《美丽的小兴安岭》则介绍了小兴安岭
的四季变化之美。每一处景物都具有独特、鲜明的特点，表现了祖国山河的美
丽。根据以上分析，可将本单元的主题提炼为"这边风景独好"。

（三）内容的组织

本单元的学习内容主要分为三部分：一是欣赏课文美景，二是发现表达特点，三是尝试介绍美景。单元的阅读要素是"借助关键语句理解一段话的意思"，表达要素是"习作的时候，试着围绕一个意思写"。除了《古诗三首》，另外几篇课文的思考练习题基本是围绕单元学习目标来设计的。从理解课文内容到完成"小练笔"，再到学习《习作：这儿真美》，体现了读写结合、以读促写的编排设计思路。"交流平台"板块则重点对关键语句的作用进行梳理总结。这样，通过单元导语的任务提示、课文的方法指导和"交流平台"的梳理总结，"借助关键语句理解一段话的意思"这一要素得以落实。

➡ 二、目标与评价

单元学习目标	单元学习评价
1. 认识 42 个生字，读准 6 个多音字，会写 52 个字，会写 46 个词语。 2. 背诵默写相关古诗。 3. 能够围绕给出的关键语句写一段话。	1. 掌握本单元相关的生字词，在练习测评中正确运用。 2. 能背诵本单元古诗，默写《望天门山》。 3. 能够在练笔中围绕关键语句写一段话。
1. 朗读重点语句，联系自己的生活体验，展开想象，描绘脑海中的画面。 2. 阅读课文，能够找到一段话中的关键语句，体会关键语句在段落中的作用。	1. 能够借助关键语句，读懂自然风光的美丽。 2. 能够较快地找出关键语句，说出关键语句的作用，掌握找关键语句的方法。
1. 能围绕一个意思写一段话，介绍身边的一处美景，并能主动运用积累的词语。 2. 能自主修改习作，并乐于向同伴介绍自己观察到的美景。 3. 将最美的风景推荐给身边的人。	1. 能够围绕一个意思写一段话，并且能够运用积累的词语。 2. 借助习作小贴士，修改自己的习作。 3. 举办最美打卡地分享会，展示交流习作。

(一) 学习情境

基于"这边风景独好"这一学习主题,我们可以创设一个真实的情境:"走进自然,亲近山河,总是能带给我们美的享受。这个单元,我们将跟随课文去打卡美丽的自然风光,去发现身边最美的景点。接下来每学一篇课文,我们就可以制作一张'最美打卡地推荐名片',将美好的风景介绍给家人和身边的朋友。"这个学习情境紧紧关联本单元的人文主题"祖国山河",以旅游打卡为学习任务,将单元内容串联成一个整体,形成结构化、整体化的学习任务群。

(二) 任务框架

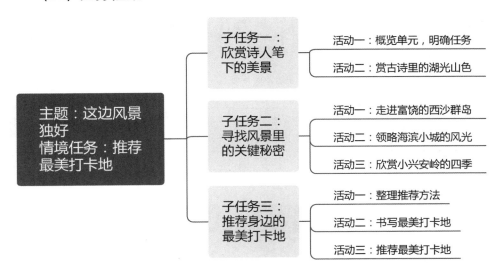

为了更好地完成情境任务,我们将情境任务作了活动分解,设计了结构化的活动链。

子任务一的活动一是概览单元,明确学习任务。活动二是学习《古诗三首》和单元"日积月累"中的《早发白帝城》,欣赏美丽的湖光山色。

子任务二的活动一是学习《富饶的西沙群岛》，借助关键语句介绍西沙群岛的风光。活动二是学习《海滨小城》，借助关键语句介绍海滨小城的景点。活动三是学习《美丽的小兴安岭》，欣赏小兴安岭的四季美景，并且围绕关键语句推荐最喜欢的一个季节的美景。

子任务三的活动一是学习《语文园地》，整理推荐方法。活动二是学习《习作：这儿真美》，书写最美打卡地。活动三是从习作中选出人气最高的打卡地，向同学推荐介绍。

（三）课时规划

课时安排	学习内容
第 1、第 2 课时	概览单元，明确任务群情境任务，学习本单元古诗。
第 3、第 4 课时	学习《富饶的西沙群岛》，了解课文中的关键语句，借助"最美打卡地推荐名片"向别人介绍西沙群岛。
第 5、第 6 课时	学习《海滨小城》，找出关键语句，借助"最美打卡地推荐名片"介绍海滨小城。
第 7、第 8 课时	学习《美丽的小兴安岭》，尝试给小兴安岭的四季描写分别加上关键语句，并且选择一个季节进行介绍。
第 9 课时	学习《语文园地》，整理推荐方法，发现关键语句的不同位置，学会围绕关键语句写一段话。
第 10、第 11 课时	学习《习作：这儿真美》，选择一处打卡地，介绍它的美。分享展示最美打卡地，评选出人气打卡地并进行推荐。

➡ 四、活动与过程

子任务一：欣赏诗人笔下的美景

活动一：概览单元，明确任务

1. 概览单元内容：走进自然，亲近山河，总是能带给我们美的享受。二年级时,我们跟着课本欣赏过《登鹳雀楼》《望庐山瀑布》,也欣赏过《日月潭》《葡萄沟》。这个单元,课文又向我们介绍了哪些美丽的风景呢?用较快的速度阅读整个单元,说一说。

2. 明确单元学习任务:这个单元,我们将跟随课文去打卡美丽的自然风光,去发现身边最美的景点。接下来每学一篇课文,我们就可以制作一张"最美打卡地推荐名片",将美好的风景介绍给家人和身边的朋友。

活动二:赏古诗里的湖光山色

1. 欣赏诗中的山——学习《望天门山》。

(1) 把古诗读正确,按节奏读好停顿。

(2) 找诗中景。

◆ 想一想如果给天门山制作名片,该画哪些景。

◆ 结合注释,说说自己了解的天门山、楚江。

(3) 抓景物特点。

天门中断楚江开,碧水东流至此回。

◆ 画景需要抓住景物特点,找一找哪些字写出了天门山、楚江的特点。

◆ 想象画面,感受山的险峻、水的澎湃,齐读诗句。

两岸青山相对出,孤帆一片日边来。

◆ 找一找哪些词语写出了景物特点。

◆ 展开想象,体会画面的动态美,齐读诗句。

(4) 结合背景资料,感悟诗中情感。

(5) 背诵积累。

（6）阅读李白的另一首诗《早发白帝城》，想一想：多年后，李白再次顺着长江而下，这次他要去哪儿呢？他看到了哪些景？心情如何？

◆ 迁移学法，自学古诗。

◆ 背诵积累。

2. 欣赏诗中的湖——学习《饮湖上初晴后雨》《望洞庭》。

（1）初读古诗，用多种形式读好停顿。

（2）找不同之处。

◆ 理解两首诗的题意。

◆ 想一想这两首诗有什么不同的地方。

（3）学习《饮湖上初晴后雨》。

欲把西湖比西子，淡妆浓抹总相宜。

◆ 阅读"资料链接"，认识西子。

◆ 理解"总相宜"。

◆ 体会诗人对西湖的赞美。

水光潋滟晴方好，山色空蒙雨亦奇。

◆ 结合注释，说说这句诗分别写了什么情况下的西湖。

◆ 晴天的西湖、雨天的西湖，哪个更美？结合诗句说理由。

◆ 苏轼的观点和你一样吗？理解"亦"。

◆ 看图说说淡妆、浓妆的西湖还会是怎样的。（夏景、冬景）

◆ 回归题目：诗人饮的仅仅是酒吗？饮的还有西湖美景。

◆ 背诵积累。

（4）学习《望洞庭》。

◆ 边读边想：诗中描绘了哪些景物？

◆ 洞庭湖美在哪儿？读诗说美景。

◆ 四句诗都写洞庭湖，有什么不同吗？（近看、远看）

（5）找相同之处。

◆ 齐读两首诗，说说相同之处。

写法：既写看到的景，也写想象的内容。都运用了比喻的手法。

主题和情感：都是赞美祖国风光的。

◆ 小结：今天再来读这两首诗，依然能透过文字，感受到诗人对大好湖光山色的喜爱和赞美。这就是经典诗词的魅力。

（6）制作"最美打卡地推荐名片"。

挑选诗中最美的一处风景，画一幅画，摘抄诗句，课后向同学推荐。

子任务二：寻找风景里的关键秘密

活动一：走进富饶的西沙群岛

1. 了解风景物产。

（1）情境导入：上节课，我们欣赏了古诗里的湖光山色。这节课，让我们走进富饶的西沙群岛，制作"最美打卡地推荐名片"，介绍西沙群岛。

（2）理解"富饶"：猜测词义，探究"饶"的字源。

（3）读准字音，理解字词：珊瑚、海参、蠕动、威武、瑰丽、栖息。

（4）初识西沙群岛。

◆ 读一读：自由朗读课文，读准字音，读通句子。

◆ 选一选：假如要你选择文中的一句话作为西沙群岛的旅游推荐语，你想选择哪一句？

（5）梳理脉络。

◆ 默读第 1 自然段，了解西沙群岛的地理位置。

◆ 交流推荐语：那里风景优美，物产丰富，是个可爱的地方。

◆ 填一填：课文都介绍了西沙群岛的哪些风景和物产呢？在文中圈画出来，填写"最美打卡地推荐名片"。

◆ 借助"最美打卡地推荐名片"简要介绍西沙群岛。

2. 介绍西沙群岛。

（1）学习介绍西沙群岛的海水。

◆ 抓住关键语句介绍：读一读第 2 自然段，找找关键语句，说说理由。

◆ 学习具体介绍：借助颜色词理解"五光十色""瑰丽无比"，感受海水之美。

◆ 图文结合来介绍：观察海水图片，了解海水颜色成因，上台介绍海水之美。

（2）合作介绍海中鱼群。

◆ 同桌讨论：仔细阅读第 4 自然段，与同桌讨论哪一句才是这一段的关键语句。

◆ 想一想这一段围绕关键语句写了哪两方面的内容。

◆ 想象朗读：抓住"好看极了""有的……有的……"等词句体会鱼的外形美；抓住"多得数不清""一半是水，一半是鱼"等词句体会鱼的数量多。

◆ 四人小组合作介绍。

（3）选择介绍其他海底生物。

◆ 默读第 3 自然段，想象"绽开""懒洋洋地蠕动""划过来，划过去"等词句描绘的画面，体会语言的生动。借助图片及视频，感受海底生物的有趣。

◆ 个性化朗读，可以边读边想象画面，也可以边读边模仿海底生物做动作。

◆ 选择喜欢的海底生物进行介绍。

（4）独立介绍海鸟。

◆ 读一读第 5 自然段，试着说一说这一段是围绕哪句话来写的。

◆ 说说西沙群岛被称为"鸟的天下"的原因。

◆ 借助关键语句介绍海鸟，突出特点。

3. 推荐西沙群岛。

（1）我为西沙群岛代言。

◆ 我会讲：运用关键语句，介绍一下自己眼中的西沙群岛。

◆ 我会评：小组交流，分享汇报。借助评价表，生生互评。

"我为西沙群岛代言"评价表

介绍内容	声音响亮语速适中	根据要求解说清楚		合计星数
整体	☆☆☆	介绍地理位置和地方特点。	☆☆☆	
海水	☆☆☆	介绍海水颜色及其成因。	☆☆☆	
海底生物	☆☆☆	运用"有的……有的……有的……"等句式和积累的新鲜词语进行介绍。	☆☆☆	
海鸟	☆☆☆	运用积累的新鲜词句介绍海鸟。	☆☆☆	

（2）我学课文创写。

◆ 过渡：游览完风景优美、物产丰富的西沙群岛，这里的动物也迫不及待地想邀请你为它们代言呢。请拿起笔，试着写一写吧！

◆ 出示代言小锦囊：

运用关键语句可以介绍得更清楚哦！

可以运用"有的……有的……有的……"等句式进行介绍。

◆ 选择课后"小练笔"中的一幅图，写几句话。

◆ 借助评价表，生生互评。

评价内容			得星数
能围绕一个意思写	能把特点写清楚（颜色、样子、动作等）	介绍有趣、有吸引力	我得到（　）☆
☆☆☆	☆☆☆	☆☆☆	

活动二：领略海滨小城的风光

1. 走进海滨小城。

（1）情境导入：上节课，我们欣赏了富饶的西沙群岛，知道那是一个风景优美、物产丰富的地方。今天，我们要到海滨小城逛一逛，看看那里又有哪些让人心动的美景呢！

（2）联系字义解题意。

◆ 理解字义：读准"滨"字，理解字义。

◆ 猜一猜："海滨"是什么地方？

◆ 拓展词汇：江滨、河滨、湖滨。

（3）初识海滨小城。

◆ 读一读：自由读课文，读准字音，读通句子。

◆ 圈一圈：作者向我们介绍了海滨小城的哪些地方？圈出来。

（4）理一理风景。

◆ 梳理地点：大海、沙滩、庭院、公园、街道。

◆ 给地点分分类。

（5）明确情境任务：梳理海滨小城的景点，再选择其中一个景点制作"最美打卡地推荐名片"，将美好的风景介绍给身边的人。

海滨小城的风光		
景点	关键印象	新鲜词句
总印象	

2. 赏一赏海滨独特的风光。

（1）认识海上的景物。

◆ 读第 1 自然段，圈一圈文中介绍的景物。

◆ 交流景物：天、海、机帆船、军舰、海鸥、云朵。

关注颜色：这些景物给你留下怎样的印象？（色彩丰富）

关注顺序：你会如何将这些景物分类？说一说分类的理由。（从上到下，从远到近）

（2）关注生动的描写。

◆ 读第 2 自然段，说说令人印象深刻的景象。

◆ 理解"镀"："镀"原来的意思是指给物体表面附上一层金属。景物都被朝阳镀上了金黄色是指朝阳照在景物表面，使它们变了颜色。

◆ 当景物被朝阳镀上一层金黄色以后，我们发现一切都变了：（合作朗读）

早晨，一切都被朝阳镀上了一层金黄色。天是_____，海也是_____。海天交界的水平线上，有_____机帆船和_____军舰来来往往。天空飞翔着_____海鸥，还飘着跟海鸥一样颜色的云朵。

◆ 小结：这生动的描写让景物变得迷人，让小城美得特别。

（3）迁移学习海边景物。

◆ 读一读：圈出第3自然段中描写的景象。

◆ 品一品：哪些景象让你印象深刻？

◆ 合作读一读，体会沙滩的变化之美。

（4）把生动的描写摘录到"最美打卡地推荐名片"上。

3. 逛一逛小城独有的美景。

（1）学习第4自然段，发现特点。

◆ 默读课文第4自然段，说一说哪一处描写让你觉得很独特。

◆ 交流：作者是怎么描写庭院的？（看到的、闻到的、想象到的）

◆ 借助板书，发现关键语句：小城里每一个庭院都栽了很多树。

◆ 师生配乐朗读。

（2）迁移运用，学习第5、第6自然段。

◆ 默读课文第5、第6自然段，说一说每一段分别是围绕哪一句话写的，写出了景物的什么特点。

◆ 小组合作学习，找到关键语句，提炼关键词，摘录到"最美打卡地推荐名片"上。

◆ 师生配乐朗读。

4. 当一回美景推荐官。

在这个小城里，有遛鸟的老爷爷，跳广场舞的老奶奶，散步的年轻人，还有像你这样活泼的孩子。请你借助"最美打卡地推荐名片"，向其中一位推荐小城的一个景点。

活动三：欣赏小兴安岭的四季

1. 寻关键语句，初聊整体美。

（1）情境导入：这节课，让我们继续去小兴安岭欣赏美好的风景，制作"最美打卡地推荐名片"。

（2）寻找关键语句：根据前几节课的经验，快速找出课文中的关键语句。

◆ 出示：小兴安岭一年四季景色诱人,是一座美丽的大花园,也是一座巨大的宝库。

◆ 聚焦关键词"大花园""宝库",初聊整体美,填写"最美打卡地推荐名片"。

◆ 聊一聊：说说你眼中小兴安岭的美。

2. 发现树木之美。

(1) 过渡：细心的你是否发现文中介绍了小兴安岭四季的树木? 读一读课文,互相交流。

(2) 找一找写树木的句子：默读课文第2～5自然段,画出写树木的句子。

春天,树木抽出新的枝条,长出嫩绿的叶子。

夏天,树木长得葱葱茏茏,密密层层的枝叶把森林封得严严实实的,挡住了人们的视线,遮住了蓝蓝的天空。

秋天,白桦和栎树的叶子变黄了,松柏显得更苍翠了。秋风吹来,落叶在林间飞舞。

冬天,雪花在空中飞舞。树上积满了白雪。

---

(3) 学习第1自然段：为什么文中介绍小兴安岭的四季时,都写到了树木? 找找依据。

◆ 聚焦"数不清""几百里连成一片""绿色的海洋",体会小兴安岭树木之多。

(4) 聚焦四季树木之美：小兴安岭四季的树木各有特点。如有机会去小兴安岭,你会怎么介绍?

◆ 春天：聚焦"抽、长",看春天树木抽枝长叶的生长之美。

◆ 夏天：聚焦"葱葱茏茏、密密层层、严严实实",看夏天树木的茂盛之美。

◆ 秋天：聚焦"黄、苍翠",看秋天树木的色彩丰富之美。

◆ 冬天：聚焦"积满",看冬天树木积满白雪的皑皑之美。

(5) 借助"总分总"结构介绍树木：串联写树木的句子,加上开头与结尾,再向大家介绍小兴安岭的树木。

3. 介绍四季美景。

（1）过渡：除了树木,小兴安岭的哪些景物也给你留下了深刻印象？自由读第2～5自然段,说一说。

（2）共学第2自然段。

◆ 圈画"积雪融化""溪水淙淙""小鹿散步",体会生机勃勃的春天。

◆ 配乐朗读,感受小兴安岭春天独特的风景。

◆ 借助句式来介绍：用"小兴安岭,春天这边风景独好"开头,按一定顺序来介绍春天独特的风景。

（3）合作学第3～5自然段：学着刚才的方法,选择其中一个季节,先找到该季节特有的景物,再用"小兴安岭,_____这边风景独好"开头,按一定顺序介绍这个季节的风景。

（4）全班交流。

◆ 夏天：关注"浓雾、太阳、野花",介绍夏天独特的风景。

◆ 秋天：关注"山葡萄、榛子、蘑菇、木耳、名贵药材",介绍秋天独特的风景。

◆ 冬天：关注"西北风、黑熊、紫貂、松鼠",介绍冬天独特的风景。

4. 推荐家乡四季。

（1）过渡：你的家乡哪个季节最美？你打算怎么介绍它呢？先完成"最美打卡地推荐名片",再动笔写一写。

（2）互相交流。

依据评价标准进行点评：选择有代表性的事物；围绕关键语句来介绍；按一定顺序来介绍。

（3）根据评价标准修改自己写的内容。

子任务三：推荐身边的最美打卡地

活动一：整理推荐方法

1. 理一理推荐方法。

（1）学习"交流平台"：你知道关于关键语句的哪些信息？小组交流。

（2）集体交流：小组汇报,其他小组补充。

（3）梳理推荐方法：借助关键语句进行推荐。

2．理一理关键语句。

（1）发现整篇文章的关键语句。

◆ 梳理这个单元的文章的关键语句。

《富饶的西沙群岛》：那里风景优美，物产丰富，是个可爱的地方。（在开头）

《美丽的小兴安岭》：小兴安岭一年四季景色诱人，是一座美丽的大花园，也是一座巨大的宝库。（在末尾）

《海滨小城》：这座海滨小城真是又美丽又整洁。（在末尾）

◆ 交流：关键语句可以在不同的位置。借助关键语句，能更清楚地知道这个地方的特点。

（2）发现段落里的关键语句。

◆ 读一读课文段落，找一找关键语句，说一说体会。

◆ 交流：借助关键语句，能够更好地理解一段话的意思。

3．说一说关键语句。

（1）读一读下面这段话。

　　　　__①__ 。湖畔的西山险而壮观；海埂（gěng）公园、郑和公园远近闻名；聂耳墓令人肃然起敬；白鱼口、观音山秀丽多姿；石寨山古墓群遗址见证古时的繁荣；美不胜收的大观楼屹立在湖畔，气势磅礴，光彩夺目。　__②__

（2）说一说：你觉得"滇池湖畔景观众多"这句话应该放在哪个位置比较合适呢？说一说理由。

4．围绕关键词句写一写。

（1）围绕关键词写画面。

◆ 理解第一组词语：懒洋洋　慢腾腾　颤巍巍　兴冲冲

◆ 试着将上面的词语放入下面的句子中。

　　我跑回家，只见那只年迈的老猫躺在阳光下，听到开门声，睁开眼睛，向我走来。

◆ 读一读句子。

> 　我兴冲冲地跑回家,只见那只年迈的老猫懒洋洋地躺在阳光下,听到开门声,慢腾腾地睁开眼睛,颤巍巍地向我走来。

◆ 小结:用上 ABB 式的词语,句子会有画面感,更加生动。

◆ 理解第二组词语:静悄悄　空荡荡　乱糟糟　闹哄哄

◆ 自主选择一两个词语写句子,写完以后同桌互评、修改,再展示。

(2)围绕关键语句写一段话。

◆ 围绕"车站的人可真多"这个句子想象画面。

◆ 交流,相机抓住关键词形成思维导图。

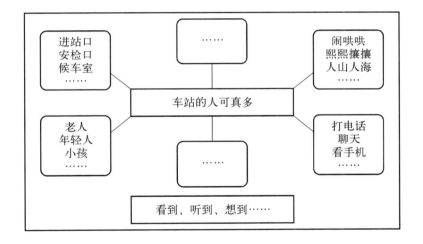

◆ 自主练写。

◆ 依据评价标准进行点评:围绕这句话展开写;内容有画面感;书写端正,标点正确。

◆ 小结:围绕一个意思写一段话,会让语句更加通顺,意思更加清楚。运用生动的词语会更有画面感。

◆ 课后作业:选择校园里的一处景点,试着围绕"校园_____真美"先想一想,再写一段话,和同学交流。

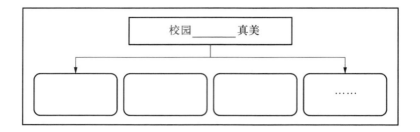

活动二：书写最美打卡地

1. 借助图片谈美景。

（1）借助图片，交流校园美景。

（2）梳理美景：教学楼、小花园、银杏大道、桂花树、图书馆……

2. 借助支架说美景。

（1）借助习作提示语，聊一聊发现。

（2）再次回顾"围绕一个意思写具体"。

◆ 关键语句位置：既可以在开头，也可以在中间或末尾。

◆ 具体内容：这个地方有些什么？是什么样子的？

（3）借助导图尝试说美景。

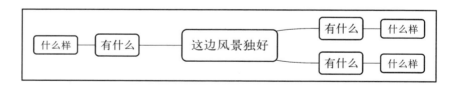

3. 范例导引。

> 银杏大道一到秋天就变成金黄的了，一把把小扇子扇起凉风，送走了夏天。

（1）说优点：抓住有特点的景物，用上修辞变生动。

（2）升格对比。

银杏大道一到秋天就变了样呢，奶黄、土黄、金黄……各种黄交织在一起，在阳光的照耀下，像洒了一把碎金，又像是用夕阳的余晖化成的丝线织起的小树林，让每一个经过的人都忍不住驻足赞叹。闭上眼，仿佛那一把把小扇子扇起了凉风，风里透着一丝丝香甜，浑身上下一阵舒爽。

（3）小结：有了颜色、有了气味、有了感觉，这银杏大道的美更让人流连，更显得独特。

4. 运用方法写桂花。

依据评价标准进行点评：能做到仔细观察；能写出景物的颜色、形状、动作、声音……

5. 补充新词写美景。

（1）读一读《习作：这儿真美》中提供的词语。

（2）梳理词语类别。

看到：盛开、飞舞、闪闪发光……

听到：静悄悄……

闻到：香甜……

触到：清凉……

感受：漂亮、优美……

6. 尝试写美景。

最美打卡地
评选标准（每项最高☆☆☆）

◆ 围绕一个意思多角度多方面写（看看这个地方有些什么，是什么样子的）。

◆ 能做到仔细观察；能写出景物的颜色、形状、动作、声音……

◆ 能运用本学期新学的词语；能运用修改符号改正错别字。

活动三：推荐最美打卡地

1. 依托评价选美景。

（1）小组内交流评价。

（2）各小组推选代表上台交流。

（3）再次修改习作。

◆ 在习作中运用新学的词语，让它更加吸引人。

◆ 发现习作中的错别字，用修改符号修改。

◆ 再读给同桌听一听，分享交流习作。

2. 展示校园美景。

（1）为习作配图。

（2）为习作录制一段朗读音频。

（3）将作品的文字稿、图片和音频一起发送到老师的邮箱，制作公众号推文，通过班级微信公众号投票功能评选出"校园最美打卡地"。

第6讲　你好，可爱的生灵

——统编教材三年级下册第一单元"实用性阅读与交流"
学习任务群设计

--------------------▶ 一、主题与内容 --------------------

（一）任务群的归属

本单元以"可爱的生灵"为主题，编排了《古诗三首》《燕子》《荷花》《昆虫备忘录》四篇课文以及《口语交际：春游去哪儿玩》《习作：我的植物朋友》《语文园地》等内容。《燕子》《荷花》属于叙写大自然的短文，《昆虫备忘录》属于观察手记，而《习作：我的植物朋友》则要求学生展示自己观察自然的收获。整个单元内容形成一个有机的整体，旨在引导学生在观察、阅读和表达中感受自然生灵的可爱与美好，激发热爱大自然的情感。

本单元教学对应《义务教育语文课程标准（2022 年版）》中"实用性阅读与交流"学习任务群第二学段的第 2 条学习内容："学习阅读说明、叙写大自然的短文，感受、欣赏大自然的奇妙与美好。学习用日记、观察手记等，展示自己观察自然、探索科学世界的收获。"因此，本单元以"实用性阅读与交流"学习任务群组织教学活动。

（二）主题的确定

本单元围绕"可爱的生灵"这一人文主题进行编排，《古诗三首》呈现了古代诗人眼中美丽的春夏景象；《燕子》一文勾勒了燕子的外形和飞行、休憩的姿态，展现了燕子的活泼可爱；《荷花》一文细腻地描写了荷花的形状和姿态，作者观赏荷花时的想象与感受；《昆虫备忘录》由四个片段组成，以轻松随意的笔调介绍了昆虫的复眼，花大姐、独角仙、蚂蚱的外形、习性、活动等。

四篇选文虽然文体不同,但都有一个相同点:作者通过细致的观察,写出了生灵的可爱与美好。根据以上分析,可将本单元的学习主题提炼为"你好,可爱的生灵"。

(三)内容的组织

观照人文主题,本单元设置了三个语文要素。

阅读要素其一是"试着一边读一边想象画面",引导学生借助课文练习边读边想象画面,逐步提升想象能力。其二是"体会优美生动的语句",重在引导学生自主发现、体会优美生动的语句,摘录到"我的生灵图册"中。

习作要素是"试着把观察到的事物写清楚",这是教材中首次提出"写清楚"的要求。单元习作引导学生借助记录卡写一种植物,为学生的观察和表达提供了具体的学习支架。同时,本单元《荷花》一课安排了课后"小练笔",《语文园地》中的"词句段运用"也给学生提供了两种描写动物外形特点的方法。以上都可以帮助学生逐步实现"写清楚"的目标。

------------------ ➡ 二、目标与评价 ------------------

单元学习目标	单元学习评价
1. 认识30个生字,读准4个多音字,会写36个字,会写29个词语。 2. 正确、流利、有感情地朗读课文,背诵古诗和指定的课文段落。默写《绝句》。	1. 掌握本单元相关的生字词,在练习测评中正确运用。 2. 能背诵本单元古诗和指定的课文段落。能在练习测评中默写《绝句》。
1. 能试着边读边想象画面,体会燕子的可爱、荷花的美丽、昆虫的奇趣。 2. 能自觉运用朗读、背诵和摘抄等多种方式积累优美生动的语句。 3. 能仿照课文中的片段,写一种自己喜欢的植物。	1. 在"我的生灵图册"中记录或描绘自己的观察与想象。 2. 积累文中优美生动的语句,记录在"我的生灵图册"中。 3. 模仿《荷花》第2自然段的写法,写一种自己喜欢的植物。

单元学习目标	单元学习评价
1. 能向同学推荐春游地点,说清楚好玩之处。 2. 观察一种植物,做简单的记录。能借助记录卡,写清楚植物的样子、颜色等,并写出自己的感受。	1. 在具体的交际情境中,推荐春游地点,说清楚推荐理由。 2. 对照自查表评议并完善植物记录卡。借助植物记录卡,用文字介绍"我的植物朋友"。
养成乐于观察、善于记录的好习惯。体会自然景物之美、生灵之趣,产生热爱自然、亲近自然的感情。	整理单元整组作业"我的生灵图册",并进行展示、交流。

➡ 三、情境与任务

（一）学习情境

基于"你好,可爱的生灵"这一单元主题,我们可以创设一个真实的学习情境:"飞鸟在空中翱翔,虫儿在花间嬉戏……大自然中,处处有可爱的生灵,但我们却很少留意。这个单元,让我们跟着课文去亲近它们,为它们绘制图册,举办一次'我的生灵图册'主题展览,让更多的同学爱上这些可爱的生灵。"

据此,接下来的课文教学,结合语文要素"试着一边读一边想象画面""试着把观察到的事物写清楚",引导学生读句子、想画面,再试着画一画、写一写,制作一本属于自己的图册。在这样一个真实的学习情境中,让学生用喜欢的形式读一读、想一想、画一画、写一写,既有效落实了语文要素,又激发了学生亲近自然、观察生灵的兴趣。

（二）任务框架

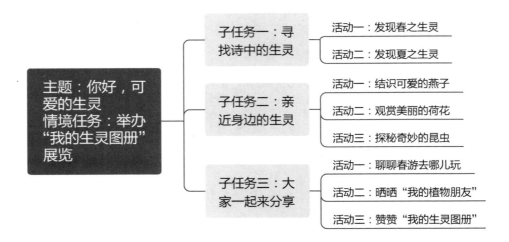

为了更好地完成三个学习任务，我们将情境任务作了活动分解，设计了结构化的活动链。

子任务一的活动一是学习《绝句》《惠崇春江晚景》，发现春之生灵。活动二是学习《三衢道中》，发现夏之生灵。

子任务二的活动一是学习《燕子》，认识活泼可爱的燕子。活动二是学习《荷花》，欣赏美丽的荷花。活动三是学习《昆虫备忘录》，探秘奇妙的昆虫。

子任务三的活动一是学习《口语交际：春游去哪儿玩》，推荐春游地点。活动二是学习《习作：我的植物朋友》，介绍喜欢的植物。活动三是学习《语文园地》并交流"我的生灵图册"。

（三）课时规划

课时安排	学习内容
第 1、第 2 课时	明确任务群情境任务，概览单元，学习《古诗三首》，寻找诗中的生灵，将自己想象到的画面画在"我的生灵图册"中。
第 3、第 4 课时	学习课文《燕子》，积累文中优美生动的语句，摘抄在"我的生灵图册"中。

课时安排	学习内容
第5、第6课时	学习课文《荷花》，在"我的生灵图册"中填写"荷花记录卡"，仿照课文第2自然段写一写自己喜欢的植物。
第7课时	学习课文《昆虫备忘录》，结合"词句段运用"中描写小动物外形特点的不同方式，做一份属于自己的"昆虫备忘录"。
第8课时	学习《口语交际：春游去哪儿玩》，选择春游地点，收集资料，借助图片、文字等说清楚好玩之处。
第9课时	学习《习作：我的植物朋友》，借助记录卡写清楚植物的样子、颜色等，并写出自己观察时的真实感受。
第10课时	梳理《语文园地》，整理单元整组作业"我的生灵图册"，并进行展示、交流。

➡ 四、活动与过程

子任务一：寻找诗中的生灵

活动一：发现春之生灵

1. 聊一聊，创设主题情境。

（1）创设主题情境：飞鸟在空中翱翔，虫儿在花间嬉戏……大自然中，处处有可爱的生灵，但我们却很少留意。这个单元，让我们跟着课文去亲近它们，为它们绘制图册，举办一次"我的生灵图册"主题展览，让更多的同学爱上这些可爱的生灵。

（2）概览单元内容：这个单元的课文向我们介绍了哪些生灵呢？

（3）明确本课目标：这节课，我们先来学习《古诗三首》，一起去寻找诗中的生灵。

2．圈一圈，寻觅诗中生灵。

（1）初读古诗，读通读顺，读好停顿。

（2）借助注释与插图，自学《绝句》《惠崇春江晚景》，圈一圈诗中的生灵。

（3）探究"燕"的字形演变，识记并书写"燕"。

（4）借助泡泡语提示认识"鸳鸯""蒌蒿"，书写"鸳鸯"。

3．读一读，想象春之明丽。

（1）边读边想象画面：你看到了怎样的春日景象？

（2）导学《惠崇春江晚景》，体会"有实有虚"。

◆ 了解古诗创作背景：相传宋朝时有一个叫惠崇的画家，有一天，他画了一幅画，邀请好友苏轼来观赏。苏轼看完以后，就在画上题诗一首。

◆ 结合诗句画画图册：如今，惠崇的这幅画已经看不到了，但题画诗却留了下来。如果让你来做图册，你会画上哪些生灵？ 要不要画上河豚？

◆ 小结：前三句写了苏轼在惠崇的画上看到的景物，而描写河豚的那句是他联想到的。写诗和写文章一样，既要写自己看到的，也要写自己想到的。

（3）合作学《绝句》，感受"有静有动"。

◆ 感受燕子的忙碌：春暖花开，小燕子飞来飞去，你知道它在干什么吗？

◆ 体会鸳鸯的闲适：你能想象并体会鸳鸯的闲适状态吗？

◆ 小结：忙着筑巢的燕子和熟睡在沙滩上的鸳鸯，一动一静，一忙一闲，相映成趣，多有意思啊！

（4）配乐诵读。

4．想一想，对比生灵之趣。

（1）对比两首诗中描绘的生灵画卷，说说自己更喜欢哪一幅，说出理由。

（2）回归主题，绘制"我的生灵图册"之"春之生灵"，并配上相应的诗句。

活动二：发现夏之生灵

1. 绘一绘，了解游览路线。

（1）借助图片认识三衢。

（2）结合注释，试着读懂《三衢道中》的大意。

（3）跟随诗人的脚步，绘一绘游览路线图。结合"却"字的注释，了解诗人从"泛舟溪上"到"闲游山林"。

2. 品一品，感受夏之愉悦。

（1）找一找能体现曾几心情的诗句。

（2）品读交流。

出示：梅子黄时日日晴，小溪泛尽却山行。

◆ 结合生活经验，理解"梅子黄时"正是初夏时节。

◆ 聚焦"日日晴"，读一读，说说感受。

◆ 拓展诗句，体会"日日晴"的难得。

黄梅时节家家雨，青草池塘处处蛙。——赵师秀《约客》

江乡梅熟雨如倾，茅屋低头困郁蒸。——袁燮《梅雨》

◆ 朗读体会曾几的愉悦。

出示：绿阴不减来时路，添得黄鹂四五声。

◆ 交流从诗句中体会到的诗人的心情。

◆ 聚焦"山中景",感受游兴之浓。用"我仿佛看到诗人走在……看到……听到……"句式把想象到的画面说给同桌听。

◆ 拓展"古诗中的黄鹂",初步了解黄鹂意象。

◆ 小结：一切景语皆情语，黄鹂的叫声悦耳动听，正是诗人内心愉悦、悠闲的表现。

（3）朗读全诗，感受诗人的心情。

诗人闲游山林，"不减"的不仅仅是绿阴，还有那份游玩的兴致。"添得"的也不仅仅是黄鹂声，还有诗人游玩时愉悦、悠闲的好心情！

3. 联一联，推荐最美生灵。

（1）联读《山亭夏日》。

（2）比较两首诗的异同。

（3）回归主题，绘制"我的生灵图册"之"夏之生灵"，并配上相应的诗句。

子任务二：亲近身边的生灵

活动一：结识可爱的燕子

1. 理一理，为春之画取名。

（1）情境导入：上节课，我们在古诗中寻觅生灵，并为它们绘制了专属图册，还配上了相应的诗句。这节课,让我们跟着作家郑振铎走进第 2 课《燕子》,去认识一位春日使者。

（2）初识燕子。

◆ 读一读：自由朗读课文,读准字音,读通句子。

◆ 想一想：课文中的燕子给你留下了怎样的印象？

（3）字词闯关。

◆ 读准加点字：闲散、木杆、圆晕。

◆ 读好"的"字短语：乌黑的羽毛、轻快有力的翅膀、剪刀似的尾巴、伶俐可爱的小燕子。

◆ 书写生字：聚。

（4）梳理画面。

◆ 交流印象：读了课文,你觉得这是一只怎样的燕子？（板贴"活泼可爱"）

◆ 点拨方法：课文是从哪几个方面描写燕子的活泼可爱的？

预设：第 1 自然段写了燕子的外形,我们可以给这个画面取个名。（板贴"燕子外形图"）

◆ 运用方法：每个自然段都描绘了生动有趣的画面,能学着刚才的方法,给其他画面也取取名字吗？（相机板贴"春来燕归图、燕子飞行图、燕子休憩图"）

2. 品一品,感受燕之可爱。

（1）素描外形。

◆ 聚焦：抓住课文第 1 自然段中的"乌黑""轻快有力""剪刀似的",感受画面之美。

◆ 发现：作者先写了燕子的羽毛、翅膀和尾巴,然后写了小燕子的整体特点,其实就是按照先局部再整体的顺序写的。

◆ 质疑：作者为什么只写了燕子的羽毛、翅膀和尾巴,而不写它的爪子、头和嘴呢？（相机小结"写事物、抓特点"）

（2）品味春光。

◆ 想象：抓住课文第 2 自然段描写的"轻风""细雨""柔柳""花""草""叶"等

景物,想象春之烂漫。

◆ 感受:观察景物图,感受春之光彩。

◆ 讨论:为什么说"小燕子为春光平添了许多生趣"?

◆ 小结:燕子为春光增添了生机,而春光也衬托得燕子更加美丽。

(3)为画面解说,积累背诵:结合第1、第2自然段内容,为图册配上解说词。

3. 赏一赏,体会燕之生趣。

(1)自学:默读课文第3~5自然段,圈画关键词,边读边想象画面。

(2)合作学:和小组成员分享你喜欢的画面。

① 燕子飞行之美。

◆ 想象:聚焦"斜飞""横掠""沾"等动词,想象燕子飞行时的敏捷轻快。

◆ 链接:借助视频,了解"小圆晕"。在作者眼里,燕子不但外形美,连沾水荡起的一圈一圈的小圆晕也那样美,可见作者对燕子的喜爱。

◆ 朗读:先个性化朗读,再男女生对读。

② 燕子休憩之美。

◆ 想象:抓关键词"闲散""休憩",体会燕子停歇时悠闲、有趣的样子。

◆ 换词辨析:对比"几痕"与"几根",想象作者远远望去看到细细的电线与小燕子交相辉映的朦胧美。

◆ 配乐朗读。

4. 做一做,积累春之烂漫。

(1)借助关键词,想象画面,积累背诵第1~3自然段。

(2)拓展阅读:古往今来,很多文人墨客写过燕子,我们来看看他们笔下的燕子是怎样的。

泥融飞燕子,沙暖睡鸳鸯。——杜甫《绝句》

几处早莺争暖树,谁家新燕啄春泥。——白居易《钱塘湖春行》

花褪残红青杏小。燕子飞时,绿水人家绕。——苏轼《蝶恋花·春景》

(3)分层作业,丰富图册。

☆找出文中优美生动的语句,摘抄在"我的生灵图册"中。

☆☆找出文中优美生动的语句,摘抄在"我的生灵图册"中,配图添画。

☆☆☆用自己喜欢的方式赞美燕子,可以写小诗、写歌词、画画等。

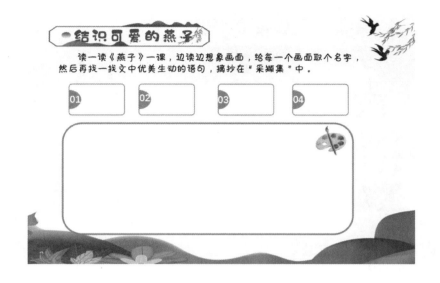

活动二：观赏美丽的荷花

1. 寻一寻,填写记录卡。

(1) 创设情境,揭示课题：通过前两节课的学习,我们认识了许多可爱的生灵。这节课,让我们来学习课文《荷花》,观赏美丽的荷花。

(2) 出示要求,自主读文。

◆ 读一读：自由读课文,读准字音,读通句子。

◆ 想一想：荷花给你留下了什么印象?

(3) 分组学词,交流印象。

◆ 读准字音：衣裳、莲蓬、花瓣儿、花骨朵儿。

◆ 想象画面：雪白的衣裳、嫩黄色的小莲蓬。

◆ 关注叠词：挨挨挤挤、翩翩起舞。

(4) 链接习作中的"桃花记录卡",学填"荷花记录卡"。

◆ 学习制作植物记录卡：观察习作中的"桃花记录卡",思考记录卡要写哪些内容,要怎么写。

◆ 默读课文,填写"荷花记录卡"。

观赏美丽的荷花

读一读《荷花》这一课，把你看到的、闻到的、想象到的关于荷花的印象及时记录在"荷花记录卡"中。

荷花记录卡

名 称：_____

样 子：_____

_____

颜 色：_____

气 味：_____

我的想象：_____

_____

_____

2. 读一读，畅谈花之韵。

（1）明确任务：为了让记录卡更加吸引人，我们还得在旁边配上一幅插图。读一读第 2 自然段，思考你会怎么画这幅图。

（2）聚焦荷叶，体会活力。

◆ 自主学习：自由读描写荷叶的句子，边读边想象画面。

◆ 全班交流：读着读着，你仿佛看到了什么？从哪些词句中可以感受到？

◆ 聚焦助学：借助图片理解"挨挨挤挤"。

（3）观赏荷花，感受奇妙。

◆ 自主学习：自由读描写荷花开放的句子，边读边想象画面。

◆ 多维理解：通过查字典、换词对比等方法理解"冒"，感受荷花的生命力。

◆ 定格画面：选择最喜欢的一种荷花开放的姿态，读一读，说说美在哪里。

◆ 朗读感受：变换形式读，感受长短句。

（4）配乐朗读，积累语言。

3. 写一写，化身花仙子。

（1）质疑促思：第 2 自然段中，作者是用什么方法把这一池的荷花写"活"的？

（2）小结写法。

(3) 迁移运用：仿照第 2 自然段,写一写自己喜欢的植物。

◆ 说一说：你喜欢什么植物？说说它们的颜色和样子。

◆ 写一写：仿照课文第 2 自然段,在"我的生灵图册"中写一种自己喜欢的植物。

◆ 评一评：同桌对照评价表互相评价。

写出了植物的不同形态。	★
运用了"有的……有的……还有的……"句式。	★★
能加上想象,写得生动。	★★★

4. 联一联,采撷花之美。

(1) 想象感受,学习第 4 自然段。

◆ 朗读：配乐范读,自由朗读,展示演读。

◆ 联想：如果你也是池中的一朵荷花,你会看到什么？听到什么？想到什么？

◆ 思辨：为什么"我"会忘记自己是在看荷花？

(2) 朗读背诵,积累语言。

(3) 拓展联读,积淀美好：荷花深受文人墨客的喜爱,因此也涌现了很多关于荷花的作品。课后找一找,读一读,感受荷花独特的美。

（4）回顾小结,布置作业:每一种植物都有自己独特的美,它们是我们的好朋友。课后选择身边的一种植物,仔细观察,展开想象,用心记录,完成"我的生灵图册"里的"我的植物朋友记录卡"。

晒晒我的植物朋友

每一种植物都有自己独特的美,它们是我们的好朋友。课后选择身边的一种植物,仔细观察,展开想象,用心记录。

观察小妙招::看摸闻…

我的植物朋友记录卡

名称:

样子:

颜色:

气味:

我的想象:

活动三: 探秘奇妙的昆虫

1. 理一理,初识奇妙的昆虫。

（1）明确任务:上节课,我们学会了制作植物记录卡。这节课,我们将跟随汪曾祺爷爷,走进昆虫的世界,制作"昆虫备忘录"。

（2）初读课文。

◆ 读一读:自由朗读课文,读准字音,读通句子。

◆ 想一想:这篇课文跟前面学的几篇有什么不一样?

（3）学习字词:复眼、膜翅、黑斑、款款、绸衬裙、噌、鸣。

（4）初识昆虫:借助图片初识四种昆虫。

2. 聊一聊,探秘奇妙的昆虫。

（1）以"花大姐"为例,学习制作卡片式备忘录。

◆ 明晰:其实还有一种形式的备忘录特别常用,那就是卡片式备忘录。

◆ 实践:默读"花大姐"片段,提取信息,交流填写。

昆虫备忘录

名称：＿＿＿＿＿＿＿＿＿＿＿＿

外形：＿＿＿＿＿＿＿＿＿＿＿＿

习性：＿＿＿＿＿＿＿＿＿＿＿＿

分类：＿＿＿＿＿＿＿＿＿＿＿＿

我的想法：＿＿＿＿＿＿＿＿＿＿

（2）小组合作，选择最感兴趣的昆虫制作卡片式备忘录。

3. 品一品，感悟有趣的语言。

（1）导学"花大姐"片段。

◆ 比较：比较"花大姐"课文片段与卡片式备忘录，发现卡片式备忘录的语言简洁，课文片段的描写生动有趣。

◆ 品味：默读"花大姐"课文片段，画出喜欢的句子，多读几遍。

◆ 交流：把喜欢的句子读给同桌听，说说理由。

相机出示：瓢虫款款地落下来了，折好它的黑绸衬裙——膜翅，顺顺溜溜；收拢硬翅，严丝合缝。

借助图片，展开想象，理解"款款""黑绸衬裙""严丝合缝"。观看瓢虫落下的视频，直观感受文中细致的动作描写。

◆ 讨论：对比卡片式备忘录与课文片段中"我的想法"部分的内容，说说哪句话给你的印象更为深刻。

我希望瓢虫改改口味。

我说，吃马铃薯嫩叶的瓢虫，你们就不能改改口味，也吃蚜虫吗？

（2）迁移学习，品读其他3个片段。

◆ 赏读：默读其他3个片段，画出你觉得有意思的句子。

◆ 分享：把有意思的句子读给同桌听，说一说理由。

相机出示：吃晚饭的时候，呜——扑！飞来一只独角仙，摔在灯下。它摔得很重，摔晕了。

边读边表演,感受拟声词带来的画面感。

相机出示:

我曾经想过:如果人长了一对复眼⋯⋯

还是不要! 那成什么样子!

点拨:作者浮想联翩,想到人长复眼的样子,真是有意思的想象。

4. 创一创,制作"昆虫备忘录"。

(1)联结《语文园地》中的"词句段运用",学写动物的外形特点。

(2)回顾内容,梳理备忘录格式。

(3)小组合作,动手实践。

◆ 选择一种感兴趣的昆虫。

◆ 思考用什么方式做备忘录。

◆ 根据具体内容,动手制作备忘录。

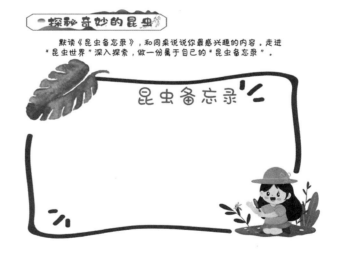

子任务三: 大家一起来分享

活动一:聊聊春游去哪儿玩

1. 选一选,交流春游地点。

(1)回顾照片,共聊春游:欣赏以往班级春游的精彩瞬间,想想哪一次春游给你留下了深刻的印象。

（2）创设情境，引出话题：春光正当时，但今年的春游和以往有所不同，我们要走进大自然，亲近可爱的生灵。请大家一起来选择春游地点，制订春游方案。

（3）分组讨论，推荐地点：小组内交流讨论，小组派代表提出推荐的地点，并板贴到"推荐地点"一栏。

2. 讲一讲，分享推荐理由。

（1）组内交流，总结理由：根据"春游地点推荐单"，小组内交流并总结推荐理由。

推荐地点			推荐指数
推荐理由	可爱的生灵		👍👍👍👍👍
	好玩的活动		👍👍👍👍👍
	（其他理由）		👍👍👍👍👍
推荐总指数	共（　　）个👍		

（2）代表推荐，同伴互评。

（3）借助范例，总结推荐技巧。

有顺序：按照顺序展开叙述。

说清楚：运用句式，比如"有的……有的……还有的……""可以……可以……还可以……"。

添经历：结合自己实地游玩的经历，讲述自己印象深刻的生灵或活动。

借资料：借用丰富多样的图文资料更能吸引人。

（4）明确要求，再次练说。

（5）代表发言，组员补充。

3. 评一评，推选最佳春游地点。

（1）全班交流，倾听打分：小组代表轮流汇报，其他学生认真倾听并打分。

我是小评委				
	第一组	第二组	第三组	第四组
有顺序	☆☆☆☆☆	☆☆☆☆☆	☆☆☆☆☆	☆☆☆☆☆
说清楚	☆☆☆☆☆	☆☆☆☆☆	☆☆☆☆☆	☆☆☆☆☆
添经历	☆☆☆☆☆	☆☆☆☆☆	☆☆☆☆☆	☆☆☆☆☆
借资料	☆☆☆☆☆	☆☆☆☆☆	☆☆☆☆☆	☆☆☆☆☆
总计	（　　）颗☆	（　　）颗☆	（　　）颗☆	（　　）颗☆

（2）采访交流：哪个小组推荐的春游地点最吸引你？说说理由。

（3）全班投票，统计结果。

活动二：晒晒"我的植物朋友"

1. 晒一晒，评议植物记录卡。

（1）展示植物记录卡，并进行介绍。

（2）集体评议，交流。

联系三年级上册第五单元《习作：我们眼中的缤纷世界》，发现可以从"样子、颜色、气味"等角度进行观察，可通过"看、闻、摸、听、尝"等方式参与实践，还可以通过"观察、查阅、询问"等渠道收集信息。

（3）对照"细致观察自查表"修改完善记录卡。

细致观察自查表

角度			方式					渠道		
样子	颜色	气味	看	闻	摸	听	尝	观察	查阅	询问

2. 写一写，介绍"我的植物朋友"。

（1）引入范文寻创径：怎样才能将记录卡中的一条一条内容整合成一篇文章呢？来看看这两位同学根据记录卡描写的桃花片段。

名称：桃花
样子：花骨朵儿胀鼓鼓的。已经绽放的花朵，一个花瓣儿挨着一个花瓣儿，围成圆形。
颜色：粉红
气味：淡淡的清香
其他：春天开放，结出的果实就是桃子。也有只开花不结果的观赏桃花。颜色还有鲜红的、纯白的。

桃花的花骨朵儿胀鼓鼓的。已经绽放的花朵，花瓣儿一片紧挨着一片，围成了圆形。颜色是粉红的。气味是淡淡的清香。

桃花春天开放，结出的果实是桃子。也有只开花不结果的观赏桃花。颜色还有鲜红的、纯白的。

来到桃林前，远远地就看到一片粉红色的花海，像是一片片胭脂，又像一团团粉霞，美极了！走近桃树，我才发现有些桃花还没开呢，一个个花骨朵儿胀鼓鼓的，像一颗颗鲜艳的玛瑙，很是可爱。已经绽放的花朵粉里透红，如丝绸般的花瓣儿一片紧挨着一片，围成了圆形，花中心吐出的一丝丝花蕊顶着嫩黄色的尖尖，调皮地探出头来。那上面布满花粉，常常引得小蜜蜂、小蝴蝶前来逗留。

看着桃花鲜艳的色泽，闻着桃花淡淡的香味，我的脑海中浮现出了一个个又大又红的桃子，一口咬下去，甜甜的汁水就从嘴角流了下来，真想马上吃到这美味的桃子。

◆ 对比发现：左边只是把记录卡里的内容串联起来，没有融入观察时的想象与感受。

◆ 聚焦学习：右边按照从远到近的观察顺序，运用了比喻、拟人的修辞手法，写得很有意思，还融入了观察时的感受。

◆ 小结写法：文章有了真实的感受表达，就如同注入了鲜活的生命。这些感受既可以出现在文章开头，也可以穿插在文中或是点缀在文末，甚至可以单独成段。

（2）借助图册巧创作：借助植物记录卡，用文字介绍"我的植物朋友"。

3. 议一议，评选"最佳植物朋友"。

（1）对照标准，集体评议。

"我的植物朋友"习作评价表

	自评	互评	师评
按顺序从几个方面写清楚植物的特点。			
融入自己观察时的感受。			
语句生动,连接自然。			

（2）分组交流,启发学习:将介绍同一种植物的学生分到一组,组内成员互相交流自己的习作。

（3）自主修改,优化内容。

（4）全班交流,评选"最佳植物朋友"。

活动三:赞赞"我的生灵图册"

1. 聊一聊,优美语句齐分享。

（1）讨论交流:什么样的语句是"优美语句"?

（2）品读体会:逐句品读"交流平台"中的语句。

（3）发现特点:借助泡泡语提示,梳理"优美语句"的特点,如状态描写贴切、动作描写细致等。

（4）朗读积累。

2. 思一思,字词积累有妙招。

（1）自主诵读:读一读"识字加油站"中的词语。

（2）发现妙招:借助形旁,了解字义。

（3）精选词语:学习"词句段运用"第一部分,选一选词语,说一说理由。

3. 品一品,朗读想象巧积累。

（1）诵读回顾:借助图片,背诵《古诗三首》。

（2）情境导入:江南美景备受文人墨客的喜爱,白居易欣赏江南美景后写下了《忆江南》。

（3）学习文体:借助微课,了解"词"。

（4）自主练读。

（5）想象感受:借助插图和关键词,想象诗词描绘的画面,说说自己的理解。

（6）诵读积累。

4. 赞一赞，展示"我的生灵图册"。

（1）海报展览巧布置：学生以小组为单位，分工合作，策划展览，选择展览地点，设计展览海报。（课前完成）

（2）整理图册分类展：整理单元整组作业"我的生灵图册"，依据不同类别进行张贴展览。

（3）参观展览：班级同学参观展览，为喜欢的作品点赞，交流评价。

第7讲 观察自然之变

——统编教材三年级下册第四单元"实用性阅读与交流"
学习任务群设计

一、主题与内容

（一）任务群的归属

本单元以"观察与发现"为主题，编排了《花钟》《蜜蜂》《小虾》三篇课文。这些课文从不同的角度介绍了留心观察获得的各种发现。教材旨在引导学生感受观察的乐趣，记录观察发现，养成认真观察、留心周围事物和勤于思考的好习惯。

《义务教育语文课程标准（2022年版）》中"实用性阅读与交流"学习任务群的第二学段学习内容之一是"学习阅读说明、叙写大自然的短文，感受、欣赏大自然的奇妙与美好。学习用日记、观察手记等，展示自己观察自然、探索科学世界的收获"。本单元的教材内容与课标要求相对应，因此，本单元以"实用性阅读与交流"学习任务群组织教学活动。

（二）主题的确定

本单元围绕"观察与发现"这一人文主题进行编排，《花钟》呈现了不同植物的开花时间，分析了背后的原因；《蜜蜂》通过实验描述，展现了蜜蜂具有辨认方向的能力；《小虾》通过生活观察，展示了小虾的生活习性。本单元《习作：我做了一项小实验》，引导学生记录在实验过程中观察到的事物变化。根据以上分析，可将本单元的学习主题提炼为"观察自然之变"。

（三）内容的组织

本单元的阅读要素是"借助关键语句概括一段话的大意"，指向厘清句子间的联系,理解段落内容。本单元的表达要素是"观察事物的变化,把实验过程写清楚",指向观察一项实验的操作过程,写出自己的所见所感。结合单元课文和《语文园地》中的提示"观察时主动思考、提出问题是个好习惯","观察与思考"应作为主线,贯穿在单元情境中,赋予阅读与习作实用价值。

➡ 二、目标与评价

单元学习目标	单元学习评价
1. 认识 27 个生字,会写 25 个字,会写 30 个词语。 2. 正确、流利地朗读课文,能背诵指定的段落。 3. 朗读、背诵古诗《滁州西涧》。	1. 掌握本单元相关的生字词,在练习测评中正确运用。 2. 能正确、流利地朗读课文,背诵指定的段落给同桌听。 3. 能正确朗读、背诵古诗《滁州西涧》。
1. 借助关键语句概括一段话的大意,读懂课文内容。 2. 体会并积累课文中生动的语句,能借鉴课文的表达仿写句子。 3. 仿照课文及"词句段运用"中的例子,写下自己的观察和思考。	1. 能借助关键语句概括一段话的大意。 2. 感受课文语言的准确、生动、有条理,并能借鉴课文的表达方式完成自己的观察记录。 3. 延伸课外,边观察边思考,记录下自己的发现。
1. 借助图表记录自己做过的一项小实验。 2. 按顺序将实验过程写清楚;写出自己做实验的心情、有趣的发现等。 3. 根据要求与同学互评习作,并尝试用修改符号修改自己的习作。	1. 展示自己做过的一项小实验,完成实验图表记录。 2. 按一定的顺序清楚记录实验过程;写出实验时的观察与发现,完成自己的观察手记。 3. 正确使用修改符合修改习作。
乐于展示分享自己观察自然、探索科学世界的收获,感受留心观察的乐趣。	参与策划"我的观察手记展",参观留言,感受观察与发现的乐趣。

（一）学习情境

基于"观察自然之变"这一学习主题,《花钟》侧重观察与研究不同的花开放的时间,可定位为现象研究手记;《蜜蜂》先提出实验目的,再记录实验过程,最后得出实验结论,可定位为科学探究手记;《小虾》记录对生活中常见的小虾的观察,可定位为生活观察手记。由此,我们可以创设一个真实的学习情境:"我们班将举办'我的观察手记展'。请你做一本观察手记,写写你的观察和思考,包括生活观察与实验观察。作品展出后,集赞 20 个,即可获得'探秘小达人'称号。'探秘小达人'有机会带着自己的小实验,去三年级课堂上展示哦!"

创设这样的学习情境,旨在引导学生学习观察手记的结构与语言表达特点,并结合"小练笔"迁移运用,实现读写联动。

（二）任务框架

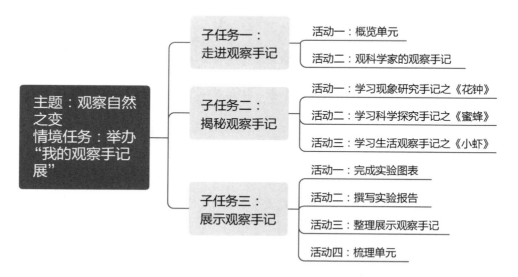

为了更好地完成三个学习任务,我们将情境任务作了活动分解,设计了结构化的活动链。

子任务一是"走进观察手记",通过概览单元和观赏科学家的观察手记,明确单元学习任务。

子任务二是"揭秘观察手记",通过学习《花钟》《蜜蜂》《小虾》三篇课文,了解不同的观察手记的结构与语言表达特点。

子任务三是"展示观察手记",通过完成实验图表、撰写实验报告、整理展示观察手记、梳理单元等活动,实现读写联动。

(三)课时规划

课时安排	学习内容
第1、第2课时	明确任务群情境任务,概览单元,学习课文《花钟》,了解现象研究手记的特点,学习表达鲜花开放的不同说法。
第3、第4课时	学习课文《蜜蜂》,了解科学探究手记的特点,体会用词的准确性。
第5课时	学习课文《小虾》,了解生活观察手记的特点,体会细致生动的描写。
第6、第7课时	学习《习作:我做了一项小实验》,写清楚实验过程与观察发现。策划"我的观察手记展",参观后留言点评。
第8课时	学习《语文园地》,梳理单元内容。

- - - - - - - - - - - - - - - ➡ 四、活动与过程 - - - - - - - - - - - - - - -

子任务一:走进观察手记

活动一:概览单元

1. 导入:在三年级上册,我们学过罗丹的一句名言——生活中不缺少美,只是缺少发现美的眼睛。自然界如此奇妙,留心观察,会有新的发现。

2. 概览单元内容。

(1)快速浏览整个单元,说一说:这个单元记录了哪些有趣的发现?

（2）交流梳理，关注以下两个角度——

观察主体：植物学家、昆虫学家、普通小伙伴……

观察对象：科学实验、生活现象……

（3）小结：像这样记录下留心观察自然的发现，就成了观察手记。这三篇课文，可以看作是三篇观察手记。

活动二：观科学家的观察手记

1. 了解观察手记：观察手记是什么？有什么价值？走进 2022 年中国科技馆举办的活动"笔鉴丹心——手稿中的中国科学家精神主题展"，读相关网站报道，说说感受与发现。

2. 明确情境与任务：在科学家的观察手记里，我们既看到了珍贵的研究资料，也感受到了科学家求实、严谨的科学态度和追求真理的科学精神。只要我们留心观察、主动思考，也会有新的发现，也可以成为"探秘小达人"。这个单元，让我们来做一做属于自己的观察手记吧！

子任务二：揭秘观察手记

活动一：学习现象研究手记之《花钟》

1. 初步感知花钟。

（1）理解课题：查找日内瓦花钟图片及文字资料，与生活中的钟表进行对比，说说两者区别，理解课题。

（2）初读课文。

◆ 自读课文，学习生字词。

鲜花朵朵　争奇斗艳　芬芳迷人

欣然怒放　淡雅　娇嫩　含笑一现

◆ 说说对花钟的了解。

（3）创设情境：当一回植物学家小助手，探究花钟背后的秘密。

2. 明晰结构。

（1）读课文第 1 自然段，找一找关键语句，理解这段话的意思。

（2）明确关键语句，交流发现：关键语句可能在一段话中的不同位置，一段话的大意需要根据关键语句的提示进行概括。

（3）聚焦《花钟》第 2、第 3 自然段，迁移运用"借助关键语句概括一段话的大意"的方法。

（4）串联关键语句，交流发现：本文的结构是"观察现象—探究原因—设计作品"，这是观察手记常见的一种样式。

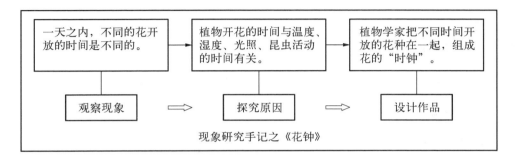

现象研究手记之《花钟》

3. 探究表达秘密。

（1）当植物学家小助手做记录：用表格的形式记录第 1 自然段描写的植物开花情况。

"植物开花情况"记录表

时间	花名	开放状态
凌晨四点	牵牛花	开放
五点左右	蔷薇	绽放
……	……	……

（2）当小作家探写作秘密：将梳理好的表格与课文第 1 自然段进行对比，发现课文语言表达的特点。

◆ 比较：两者都记录了时间、花名、花开放的样子，但对鲜花开放状态的描述不同。

◆ 欣赏：对照课文插图，找找不同鲜花。借助资料，了解昙花开放的时间，理解"含笑一现"。链接视频，欣赏不同鲜花开放的样子。

◆ 体会：通过朗读体会课文语言表达的准确、生动、丰富。

◆ 运用：关注"左右"一词的出现位置、时间词的位置变化，让表达更加生动、丰富。

4. 丰富表达方式。

链接课后题3，选择生活中观察过的鲜花，用课堂上学到的方法制作"花开观察手记"。可以借助下表进行评价。

鲜花朵数	句数	鲜花朵数	表达丰富
✿	写一句	✿✿	花开时间表达准确
✿✿	写两句	✿✿	花开姿态表达生动
✿✿✿	写三句	✿✿	用上了积累的新词语
……	……	……	……

5. 探究植物开花的原因。

（1）读课文第2自然段，说说文中举了哪几个例子说明植物开花的时间与温度、湿度、光照、昆虫活动的时间有密切的关系。

（2）用自己的话说说昙花开花的秘密。

（3）链接"虫媒花"资料，以牵牛花为例，理解"吻合"一词的意思。

活动二：学习科学探究手记之《蜜蜂》

1. 梳理科学探究手记的结构。

（1）读"资料袋"，交流了解到的信息，谈谈对法布尔的认识。

（2）在预习基础上再读课文，学习生字词，重点交流几组形近字"辨—辩""检—捡""峰—蜂"，想一想用什么方法可以更好地识记。

（3）明晰结构。

◆ 说说课文记录的实验内容。

◆ 回忆科学课本中的实验记录表，说说实验记录表有哪些组成部分。结合课后题1，明确科学探究手记的组成部分：实验目的—实验过程—实验结论。

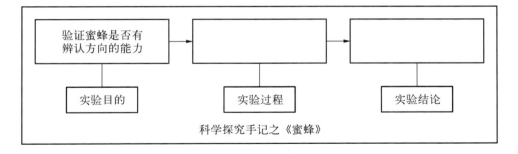

科学探究手记之《蜜蜂》

◆ 将上面的图表与课文自然段对照，发现实验目的是对课文第 1 自然段的概括。运用上节课所学的"借助关键语句概括一段话的大意"的方法，对最后一个自然段进行概括，得出实验结论。

2. 厘清实验过程。

（1）默读课文第 2～7 自然段，用"标序号＋圈画关键词概括"的方式完成实验过程的记录。

（2）教师以第 2 自然段的第一句为例，标上序号①，圈出关键词，并将句意概括为"捉蜜蜂，放入纸袋"。

（3）自主梳理其他的实验步骤，四人小组讨论交流，投影展示交流情况。

（4）梳理实验过程：① 捉蜜蜂，放入纸袋；② 女儿等，走四公里路；③ 做记号，放蜜蜂；④ 记数据，查蜂窝。

关注以下几点，组织学生讨论：

◆ 步骤数：步骤数可不同，关注内容是否有遗漏。

◆ 内容遗漏：如果有学生遗漏了"走四公里路"，要组织讨论这个实验步骤能不能去掉，从而发现实验步骤与实验目的、实验结论有着密切的关系。

◆ 信息提取：概括长句子，要关注信息提取的准确性。

（5）连起来说一说实验过程。

3. 品味观察手记的语言。

（1）再读"资料袋"，说说从哪些地方感受到法布尔严谨的科学研究态度。

（2）再次回顾实验过程，小组讨论汇报：这些实验步骤可否减少或调换？从哪里可以感受到法布尔严谨的态度？

把蜜蜂放在纸袋里是为了 ＿＿＿＿＿＿＿＿＿＿＿＿＿ 。

让女儿在蜂窝旁等是为了_____。

作者走了四公里路是为了_____。

在蜜蜂身上做记号是为了_____。

（3）关注课后题，品味用词的准确性：在描述实验过程时，用"两点四十分"这样的词语表示准确的时间；用"左右、将近、大概"等词语，表达自己的推测和想法，看似模糊，实则准确。

（4）评选星级实验助手：你认为一个优秀的实验助手应该具备哪些要素？（可从实验步骤的安排、用词的准确性等方面来说）

活动三：学习生活观察手记之《小虾》

1. 梳理生活观察手记的结构。

（1）说说生活中在哪里观察过小虾，有哪些发现。

（2）把课文读通读准，思考课文中的小虾与印象中的不同之处。

（3）回顾前面所学的《花钟》和《蜜蜂》，迁移运用学习方法，梳理这篇课文的结构。

（4）默读全文，说说每个自然段的主要内容，再通过讨论明确本文先写观察缘起，再写观察对象，最后写观察发现，从而提炼生活观察手记的结构。

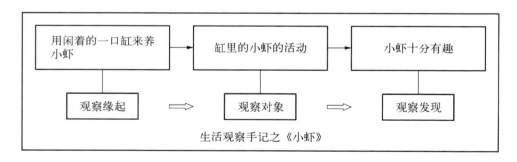

生活观察手记之《小虾》

2. 体悟人之爱虾情。

（1）自学：默读课文，画出写小虾的句子，给印象深刻的小虾取取外号。

（2）合作学：小组合作，分角色读读各种有趣的描写。读后分享给小虾取的外号，说说理由。

参考句式：我看到了这样一组画面，_____。我给这组虾取的外号是_____，我觉得它们的招牌动作是_____。

3. 破解表达密码。

（1）借助视频，观察小虾的活动。

（2）再读语段，做小虾观察记录表。

◆ 发现：可以整体观察小虾的状态，也可以局部观察小虾的身体动作。

◆ 品读：圈画小虾身体各部位的动作，品悟"一张一张、一翘一翘、一突一突"等动词的妙用。

（3）积累：找找课文中写得细致生动的语句，进行积累。

子任务三：展示观察手记

活动一：完成实验图表

1. 聊一聊实验。

（1）回顾单元学习过程中做过的实验，小组内交流喜欢的实验。

要求：说清实验名称；分步骤说实验过程；说出实验中有趣的发现；说明实验的目的或结论。

（2）小组评选出最喜欢的实验，全班分享，重点交流推荐的理由。（如实验步骤很严谨，现象很奇特，实验过程很有趣等）

2. 填一填实验图表。

（1）想想自己要写的实验，思考要怎么填写实验图表。

（2）根据实验内容，参考单元习作板块中的实验图表，填写自己的实验图表。

（3）和同桌分享交流填写好的实验图表。

3. 展示实验图表。

（1）小组内展示实验图表，对照实验内容说清图表中的信息，组员评价并提出修改建议。

（2）教师挑选典型的实验图表进行展示，对实验图表中的相同信息进行点评，对差异处进行精准的指导。

（3）参考范例，修改完善实验图表。

活动二：撰写实验报告

1. 写清实验步骤。

（1）交流将实验过程写清楚有哪些方法。

方法一：用上序列词"第一步，第二步，第三步……"。

方法二：用上"先……接着……然后……最后……"这样的句式。

方法三：回顾《蜜蜂》一课，没有用明显的连接词，根据"观察与发现"说清实验步骤。

（2）借助实验图表信息，回顾实验内容，将实验过程说清楚。

同桌互评标准如下：

评价标准	点赞
同桌能听懂实验步骤。	♡
能回答同桌提出的关于实验过程的问题。	♡

2. 写出实验中的发现。

（1）根据习作要求，试写习作初稿。

习作要求：根据实验图表，写清楚实验的经过；还可以写一写自己做实验时的心情、实验中有趣的发现等。

（2）教师根据学生试写的初稿，寻找典型习作进行针对性指导。

第一类：聚焦实验步骤。选择实验步骤写不清楚与写得清楚的两篇习作，投影展示对比，明确用上序列词或相关句式可以写清楚实验步骤。

第二类：聚焦实验发现。选择一篇只有实验过程而没有实验发现的习作，再选一篇能将实验过程与实验发现结合起来的习作，进行展示和指导。

（3）说说习作修改前后有哪些变化，在交流中提炼发现，补充评价标准。

评价标准	点赞
同桌能听懂实验步骤。	♡
能回答同桌提出的关于实验过程的问题。	♡
操作的动作要领写得细致。	♡
在实验过程中写出自己的心情和发现。	♡

（4）对照评价标准，运用已学过的修改符号修改自己的习作。

（5）回顾单元任务，整理作品。

活动三：整理展示观察手记

1. 筹备展览。

（1）学生以小组为单位分配任务，如时间安排、地点选定、海报设计、场地规划与布置等，分工合作。

（2）设计展览海报、参展作品鉴赏卡、观展人员邀请函等。

（3）收集班级内每位同学的实验报告，并进行分类。如果实验种类多，可以细分不同的主题。

2. 展示观察手记。

（1）实验报告人介绍观察手记，可现场展示小实验或播放提前录制的实验视频。观展人员可以与实验报告人互动交流，为感兴趣的作品点赞。

（2）统计作品集赞数，邀请校长授予学生"探秘小达人"称号。

（3）学生就此次活动交流实践收获，总结办展的经验。

活动四：梳理单元

1. 对比阅读，发现方法。

（1）课前完成"单元复习单"，梳理"借助关键语句概括一段话的大意"的方法。

单元复习单：读读课文语段，填一填。（课前完成）			
语段	关键语句	关键语句在自然段中的位置	自然段大意
《花钟》第 1 自然段			
《花钟》第 2 自然段			
《小虾》第 3 自然段			

（2）借助关键语句概括一段话的大意，可以分三步实现：

◆ 想一想这段话主要讲了什么。

◆ 找一找这段话是围绕哪句话来写的。注意关键语句可能出现的位置（开头、中间、结尾）。

◆ 借助关键语句，通过摘、删、改等方式对一段话的大意进行提炼和概括。

（3）拓展运用，选择并添加关键语句。

> 语段1：大街上有玲珑剔透的宫灯，有活泼可爱的动物灯，有富有时代信息的广告灯，还有栩栩如生的植物灯……
>
> ① 大街上的灯真亮啊！
>
> ② 元宵节晚上灯的种类真多啊！
>
> ③ 除了这些灯，还有食物灯。
>
> 语段2：你看！花坛边的大人们在交谈，一片欢声笑语；有几个小男孩在学骑自行车，歪歪扭扭的，好像刚学走路的长颈鹿；远处的孩子们在跳绳，脚尖刚接触到地面就弹跳了起来，好像脚底装了弹簧一样。
>
> ① 阳光明媚的周末，公园成了人们的乐园。
>
> ② 那边的几个小女孩在玩捉迷藏。
>
> ③ 我看见很多人在公园里玩耍。

◆ 为语段选择合适的关键语句。

◆ 讨论关键语句可以放在语段中哪个位置。

2. 观察思考，表达运用。

（1）学习"词句段运用"第一部分。

◆ 读两个例句，找找表达相似的地方（都先写观察到的现象，再写提出的问题）。

◆ 用横线画出作者看到的现象，用波浪线画出作者提出的问题。师生合作读，说说这样观察与思考的乐趣。

（2）交流运用。

◆ 交流学习《蜜蜂》一文后所做的"观察与思考"记录。先同桌交流，后集体交流。（要点：模仿范例，深入思考，合理提问）

◆ 摆出课前准备好的一盆含羞草，让一位同学上来用手触一下叶子，其他同学先认真观察,再提出自己的疑问,并写下来。

◆ 投影展示多位学生的"观察与思考"记录,组织讨论思考是否深入,问题是否合理,对练写的语段展开评价。

3. 学习修改,自主实践。

(1) 复习已学的表示"改正""增补""删除"意思的修改符号。

(2) 学习"词句段运用"第二部分,思考新学的修改符号表示什么意思。

◆ 对调符号:表示前后相邻的两个词语位置的对调。

◆ 移动符号:表示将部分内容移动到其他合适的位置。

(3) 尝试修改"词句段运用"第二部分语段中的其他问题。

(4) 投影出示修改内容,集体评价。

评价标准	评分
修改内容是否正确?	☆☆☆
修改符号的使用是否恰当?	☆☆☆
书面是否整洁?	☆☆☆

4. 理解诗意,熟读成诵。

(1) 自由朗读《滁州西涧》,把诗读正确、读流利、读出节奏。

(2) 结合插图和关键词,想象古诗描绘的情景,说说自己的理解。

◆ 找一找:在插图中找一找有哪些景物,圈画诗中对应的词语。(幽草、涧、黄鹂、深树、舟)

◆ 说一说:想一想这首诗描绘的情景,说一说这首诗表现了诗人怎样的情感。

◆ 拓一拓:链接背景资料,再读最后两句诗,在动静映照中感受诗人恬淡的心境和忧伤的情怀。

◆ 诵读:先小组吟诵,再班级吟诵。

第8讲　连续观察出学问

——统编教材四年级上册第三单元"实用性阅读与交流"
学习任务群设计

➡ 一、主题与内容

（一）任务群的归属

本单元编排了三篇课文，分别是《古诗三首》《爬山虎的脚》《蟋蟀的住宅》。单元习作是"写观察日记"。《古诗三首》描绘了诗人从不同角度观察到的景物。《爬山虎的脚》和《蟋蟀的住宅》分别以日常生活中的植物和动物为观察对象，描写了事物的特点和变化，展现了作者连续细致的观察。习作"写观察日记"，要求学生在连续观察的基础上写出观察收获。《义务教育语文课程标准（2022年版）》中"实用性阅读与交流"学习任务群第二学段部分学习内容是"学习阅读说明、叙写大自然的短文，感受、欣赏大自然的奇妙与美好。学习用日记、观察手记等，展示自己观察自然、探索科学世界的收获"。本单元的教材内容与课标要求相对应，因此，本单元以"实用性阅读与交流"学习任务群组织教学活动。

（二）主题的确定

三年级上册第五单元以"留心观察"为主题，让学生初步学会留心观察，做生活的有心人。本单元以"连续观察"为主题，升级观察要求，旨在提升学生的观察能力。单元课文中准确生动的表达源于作者连续细致的观察。习作"写观察日记"要求学生围绕观察对象进行连续观察，用观察日记记录自己的收获。因此，本单元的主题可确定为"连续观察出学问"，引导学生学写观察日记，感受事物的变化，体会观察的乐趣，养成连续观察的习惯。

（三）内容的组织

本单元的阅读要素是"体会文章准确生动的表达,感受作者连续细致的观察",习作要素是"进行连续观察,学写观察日记"。阅读要素与习作要素联系紧密,关联度高。本单元的三篇课文,分别展现了不同作家观察到的景致。此外,本单元还编排了与主题相关的"资料袋"和"阅读链接",帮助学生逐步完成观察日记的写作。"资料袋"帮助学生养成连续观察并进行记录的习惯,"阅读链接"引导学生了解观察日记的内容和写法。本单元的口语交际"爱护眼睛,保护视力"旨在讨论并分享保护视力的具体建议,与"观察"主题贴切度不高,建议另外单独教学,不纳入本单元的学习任务群中。

➡ 二、目标与评价

单元学习目标	单元学习评价
1. 认识22个生字,读准2个多音字,会写38个字,会写32个词语。 2. 能为不同的动物找到家,知道动物的家有不同的说法。 3. 能借助注释、插图理解诗句的意思,用自己的话说出想象到的画面。 4. 通过对比朗读,体会准确的表达。 5. 积累与秋天有关的气象谚语。	1. 掌握本单元相关的生字词,在练习测评中正确运用。 2. 结合生活实际,了解不同动物的家的说法,并能说说更多类似的词语。 3. 借助朗读体会准确的表达,并完成相关的练习。 4. 背诵默写"日积月累"中的句子,能结合具体情境进行运用。
1. 能有感情地朗读课文。背诵三首古诗,默写《题西林壁》。 2. 能通过文章准确生动的表达,感受作者连续细致的观察。 3. 能留心周围事物,养成连续观察的习惯,学习做好观察记录。	1. 背诵三首古诗,并完成相关的练习。 2. 能找出课文中表达准确生动的语句,从中感受作者连续细致的观察。 3. 留心观察生活中的事物,学习用图文、表格等形式记录下来,为自己的习作积累丰富的素材。
1. 能进行连续观察,用观察日记记录观察对象的变化,写写观察的过程。 2. 能在小组内分享观察日记,并进行评价。	1. 在生活中进行连续观察,用观察日记记录自己的收获。 2. 整理观察日记,在小组内分享,评选"十佳观察日记"。

（一）学习情境

基于"连续观察出学问"的主题，我们可以创设一个真实的学习情境："有句名言说得好，生活中不缺少美，只是缺少发现美的眼睛。留心观察周围的事物，我们就会有新的发现。这个单元，我们要学学连续观察，写写观察日记，晒晒观察日记，看谁能观察到生活中的奥秘，发现生活中的学问。"据此，接下来的课文教学，引导学生感受作家连续细致的观察，从而在生活中留心观察，学写观察日记，分享自己的收获。

（二）任务框架

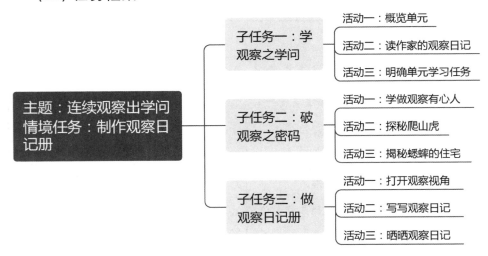

为了更好地完成三个学习任务，我们将情境任务作了活动分解，设计了结构化的活动链。

子任务一是"学观察之学问"。通过概览单元、读作家的观察日记，明确单元学习任务。

子任务二是"破观察之密码"。通过学习《古诗三首》《爬山虎的脚》《蟋蟀的住宅》三篇课文,体会文章准确生动的表达,感受作者连续细致的观察,并学会运用这样的观察方法与表达方法。

子任务三是"做观察日记册"。学习《语文园地》,打开观察视角。学习习作"写观察日记",用观察日记记录自己的收获,并在小组内分享交流。

(三)课时规划

课时安排	学习内容
第1、第2课时	概览单元,了解作家的观察日记,明确任务群情境任务。学习《古诗三首》,欣赏诗人从不同角度观察到的景物。
第3、第4课时	学习课文《爬山虎的脚》,了解作者通过长期细致的观察,把爬山虎描写得准确生动,感受作者对爬山虎的喜爱之情。学习"资料袋",学做观察记录。
第5、第6课时	学习课文《蟋蟀的住宅》,了解法布尔连续细致的观察,学习观察方法和表达方法。学习"阅读链接",了解观察日记的内容和写法。
第7课时	学习《语文园地》,整合学习资源,多角度打开观察视角。
第8、第9课时	学习习作"写观察日记",用观察日记记录观察对象的变化,写写观察的过程,观察者当时的想法与心情。能在小组内分享观察日记并进行评价,制作观察日记册。

------------------- ▶ **四、活动与过程** -------------------

子任务一:学观察之学问

活动一:概览单元

1. 情境导入:有句名言说得好,生活中不缺少美,只是缺少发现美的眼睛。留心观察周围的事物,我们就会有新的发现。这个单元,我们要学学连续观察,写写观察日记,晒晒观察日记,看谁能观察到生活中的奥秘,发现生活中的学问。

2. 概览单元内容。

（1）聊一聊：这个单元，作家们观察记录了哪些事物？你发现他们的观察都有什么共同的特点？

（2）梳理课文：《古诗三首》记录了自然风光；《爬山虎的脚》记录了爬山虎生长的过程；《蟋蟀的住宅》记录了蟋蟀筑巢的过程。这些都是连续观察的收获。

（3）引出单元篇章页：是啊，处处留心皆学问。在我们的生活中，只要留心观察，就能从一些细小的地方、平常的事情中收获学问。

活动二：读作家的观察日记

1. 读作家的观察日记：读一读比安基的《冬眠苏醒月》，汪曾祺的《蝈蝈》，李天芳的《种一片太阳花》，鲁彦的《雪》。

2. 讨论：作家的观察日记对你有什么启发？

◆ 对某一种事物进行连续观察。

◆ 记录事物的细微变化。

◆ 观察可以看，可以听，还可以用手去触摸……

◆ 观察日记可以用图文结合的形式呈现。

活动三：明确单元学习任务

明确任务：

◆ 打开观察视角：通过单元学习，整理作家们的观察方法，为写好观察日记作准备。

◆ 写写观察日记：留心观察生活中的事物，记录观察对象的变化，把自己的观察所得写成日记。

◆ 晒晒观察日记：参加"做观察日记册，争当观察小达人"交流展示活动，把自己精彩的观察日记与大家分享交流。

子任务二：破观察之密码

活动一：学做观察有心人

1. 学习《暮江吟》。

（1）理解诗题，创设情景。

◆ 借助图片分析"暮"的字理,猜字义。

◆ 理解"吟",说说诗题的意思。

（2）初读古诗,想象画面。

◆ 一读:读通诗歌,读准节奏。

一道/残阳/铺水中,半江/瑟瑟/半江红。可怜/九月/初三夜,露似真珠/月似弓。

◆ 二读:想象画面,抓关键词概括画面。

抓关键词:一道 残阳 铺水中,半江瑟瑟半江红。可怜九月初三 夜 ,露似真珠 月 似弓。

预设:暮色图、月夜图。

（3）跟随观察,体会心境。

暮色图

◆ 找一找诗中描写的景物:残阳、江水、露珠、月亮。

◆ 理解"残阳":借助插图理解"残阳"一词的意思。

◆ 体会"铺":把"铺"换成"射、照、洒"这些词好不好? 为什么?

◆ 感受"半江瑟瑟半江红":江面怎么会呈现不同的颜色呢? 诗人怎么能写出如此色彩斑斓的江景?（细致观察）

月夜图

◆ 说一说:诗人看见的是怎样的露珠和月亮?

◆ 理解"似":诗中将露珠比作珍珠,将月亮比作弓。

◆ 理解"可怜":在新月的清辉下,露珠格外圆润剔透,难怪作者用"可怜"来形容这样的月夜。"可怜"在诗中的意思是"可爱"。

◆ 朗读感受:再读一读这首诗,感受作者对景物连续细致的观察。

2. 学习《题西林壁》。

（1）初读古诗,读通古诗。

◆ 识字与写字:认识生字,写好"侧、峰、缘"等字。

（2）细读古诗,读懂诗意。

◆ 读好节奏。

横看/成岭/侧成峰,远近/高低/各不同。

不识/庐山/真面目,只缘/身在/此山中。

◆ 读懂诗意。

交流一:借助图片区别"岭"和"峰",说一说有哪些词语可以形容"岭"和"峰"。

交流二:观看庐山风光视频,说一说看到了怎样的庐山。

参考句式:从远处看,庐山_____;从近处看,庐山_____;从高处看,庐山_____;从低处看,庐山_____。

交流三:对比其他描写庐山的诗句,发现这首诗从多个角度写出了庐山不同的风景,从而了解作者运用的观察方法——多角度连续观察。

交流四:用上"之所以……是因为……"来说说诗句的意思。

交流五:说说为何诗人身在庐山,却不识庐山真面目。

从不同角度看一个事物,看到的是不一样的,只有全面观察才能真正认识事物的全貌。也就是我们说的"当局者迷,旁观者清"。

3. 学习《雪梅》。

(1)用多种方法理解诗意。

◆ 借助注释理解诗意。

◆ 借助关键字词理解诗意。

"费":说明了梅、雪难分高下。

"逊"和"输":写出了梅、雪各有不足,也各有优势。

◆ 借助插图,想象梅雪争春的画面。

(2)说一说古诗的大意。

(3)讨论:你觉得梅和雪谁能胜出?请选择一个角色,阐述自己的观点。

(4)交流:作者用了什么观察方法?

◆ 调动感官观察。

"白":用眼睛看。

"香":用鼻子闻。

◆ 对比观察。

将雪和梅进行了对比。

4. 梳理总结，畅谈收获。

（1）交流：借助下表，说说自己的收获。

诗题	画面	景物	诗人感受	观察方法
《暮江吟》				
《题西林壁》				
《雪梅》				

预设：

观察景物时，需要从多个角度进行观察。

连续观察是很好的观察方法，可以让我们对事物了解得更全面。

观察景物要抓住主要特点去观察。

在细致观察的基础上再融入自己的感受，这是很好的写作手法。

（2）总结：让我们带着这些收获，继续学习课文，破译观察密码。

活动二：探秘爬山虎

1. 情境导入，学习字词。

（1）导入：上一节课，我们跟随诗人欣赏了大自然的美景，悟出了生活中的学问。这节课，让我们跟随作家叶圣陶，一起去探秘爬山虎，学做观察记录。

（2）学习字词。

第一组：嫩红　均匀　重叠　牢固

　　　　　蛟龙　枯萎　痕迹　触角

第二组：弯曲　空隙　占了　铺开

2. 初读课文，整体感知。

（1）自由读课文，思考：如果说这篇课文是一篇关于爬山虎的观察日记，那作者在日记里记录了关于爬山虎的哪些内容？补充填写观察记录表第二列第二行和第三行。

（2）汇报交流。

爬山虎观察记录表

观察员：叶圣陶　　　观察小助手：＿＿＿＿＿＿＿＿

爬山虎	爬山虎生长的具体位置		
		＿＿＿＿＿＿ ＿＿＿＿＿＿ ＿＿＿＿＿＿	
		＿＿＿＿＿＿ ＿＿＿＿＿＿ ＿＿＿＿＿＿	爬山虎的脚触着墙 → [　　] → 细丝变弯 一脚一脚地往上爬 ← [　　]

3. 观赏爬山虎的叶子。

（1）自由读第 2 自然段：思考爬山虎叶子的特点，圈画关键词，继续填写观察记录表（把叶子的特点记录在第三列第二行的横线上，把关键词填写在后一列的相应位置）。

（2）汇报交流，发现爬山虎的叶子的特点。

◆ 绿：聚焦"嫩绿""新鲜""舒服"等词语，感受叶子的绿。

比较体会准确的描写："嫩绿"与"绿"有什么区别？

观察图片：感受爬山虎的叶子绿得新鲜。

感受作者连续的观察：叶子的颜色从"嫩红"变到"嫩绿"，从中你体会到了什么？像这样能体现作者连续观察的词语还有哪些？

◆ 齐：聚焦"一顺儿""均匀""没有重叠起来"等词语，感受叶子铺得整齐。

◆ 密：聚焦"不留一点儿空隙"，感受叶子长得密。

（3）图文对照，再次体会作者细致的观察与准确的表达。

（4）齐读第 2 自然段。

4. 探秘爬山虎的脚。

（1）自由读第 3～5 自然段，思考作者围绕爬山虎的脚记录了哪些内容，继续补充填写观察记录表第三列第三行。

（2）学习第 3 自然段，观察爬山虎的脚。

◆ 读第 3 自然段，圈画描写爬山虎的脚的词语。

◆ 为爬山虎的脚选择正确的插画，结合课文说说理由。

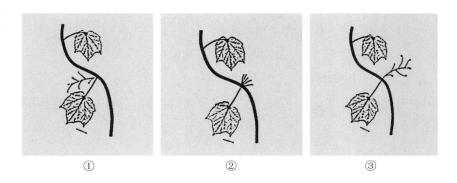

（3）学习第 4 自然段，了解爬山虎攀爬的秘密。

◆ 读第 4 自然段，思考爬山虎是怎样一脚一脚地往上爬的，圈画关键词，填写观察记录表。

◆ 师生共同梳理，完善观察记录表。

爬山虎观察记录表

观察员：叶圣陶　　　观察小助手：＿＿＿＿＿＿＿＿＿

爬山虎	爬山虎生长的具体位置		
	爬山虎的叶	绿 齐 密	嫩绿、绿得那么新鲜 一顺儿、均匀 不留一点儿空隙
	爬山虎的脚	样子 攀爬 变化	爬山虎的脚触着墙 → 细丝的头上变成小圆片，巴住墙 → 细丝变弯 一脚一脚地往上爬 ← 拉嫩茎，使它贴在墙上

◆ 根据课文内容和观察记录表说一说、演一演（以手代脚）爬山虎是怎样往上爬的。

◆ 讨论："触、巴、拉、爬"这几个爬墙步骤的顺序能不能调换？

◆ 体会作者用词的准确生动。重点体会"巴"字,通过换词对比,感受"巴"更能写出爬山虎的脚触墙面积大、有力。

◆ 观看爬山虎爬墙的小视频,再次体会准确生动的表达。

（4）回归整体,关注作者的观察方法。

◆ 连续观察：从"原先……现在……""不几天……后来……逐渐……"中可以看出作者进行了连续观察。

◆ 细致观察：从"注意、仔细看、逐渐"等词语中可以看出作者观察得特别仔细。

（5）讨论,达成共识。

◆ 讨论：为什么作者能把爬山虎爬墙的过程写得那么准确生动？

◆ 发现：正是因为作者进行了连续细致的观察,才能把爬山虎爬墙的过程写得准确而生动。

5. 学习"资料袋",学做观察记录。

（1）复习已学的观察方法。

三年级上册第五单元习作"我们眼中的缤纷世界"：从不同角度、调动多种感官观察事物;

三年级下册第四单元习作"我做了一项小实验"：要观察事物的变化。

（2）阅读课后"资料袋",想想"资料袋"提供了哪两种观察记录形式,各有什么优点。

图文结合法适合连续观察植物和景物,能直观记录事物变化的过程,优点是形象生动。

制表法更适合连续观察动物,这种方法的优点是准确、对比性强。

（3）选定自己要观察的对象,说说想选用哪一种观察记录形式。

植物生长类：绿豆发芽、月季开花等,用制表法。

动物活动类：小猫进食、小鱼活动等,用图文结合法。

其他：月相变化、云朵与天气变化的关系等,用图文结合法。

6. 小结：当我们留心观察身边的事物,边观察,边记录,边思考,边探究,就会有所发现。让我们一起行动起来。

活动三：揭秘蟋蟀的住宅

1. 欣赏各种各样的昆虫日记。

（1）创设情境：通过前两课的学习，我们初步学会了连续观察，还学会了给自己选择的观察对象做观察记录。为了能制作出属于我们自己的观察日记册，这节课，我们将继续走进名家日记，探秘他们的观察方法。

（2）通览全文。

◆ 找一找：浏览全文，包括课后思考题、阅读链接，你发现了几位作家的作品？

◆ 提炼：法布尔，麦加文，比安基，这几位作家对小动物进行了连续细致的观察，用各种形式记录了小动物的特点。

（3）导入课题：这节课，就让我们走进法布尔笔下的《蟋蟀的住宅》，学习这位著名昆虫学家的观察方法。

2. 认识不随遇而安的蟋蟀。

（1）理解词语。

◆ 分组认读词语：

第一组：临时的隐蔽所　现成的洞穴　弃去毫不可惜

第二组：慎重地选择住址　挖掘技术的专家　抛出泥土

◆ 对比发现：第一组词语形容别的昆虫，随遇而安；第二组词语形容蟋蟀，不肯随遇而安。

（2）梳理文本：在法布尔的笔下，蟋蟀俨然就是一位建筑高手。课文围绕蟋蟀的住宅写了哪两方面的内容？（住宅的特点和修建的过程）

3. 探究蟋蟀的住宅的特点。

（1）创设话题：让我们一起为蟋蟀的住宅设计一张平面图。

（2）选择插图，了解选址要求。

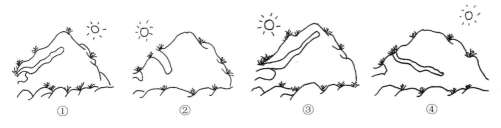

①　　　　　②　　　　　③　　　　　④

◆ 选择合适的插图，放在"平面设计图"中。

◆ 说说理由。

◆ 填写"平面设计图"中的"选址要求"。

（3）小组合作，完成"平面设计图"。

◆ 自学：

读一读：读课文第 4～6 自然段。

填一填：完成"外部特点"和"内部特点"的填写。

◆ 合作学：

说一说：借助"平面设计图"，将住宅的特点讲给小组同伴听。

蟋蟀的住宅"平面设计图"

选址要求：① 　排水优良　　② 　有温和的阳光		
外部特点		**内部特点**
向阳		简朴
干燥		清洁
隐蔽		干燥
平坦		卫生

（4）体会准确的表达，感受细致的观察。

◆ 比较下面两句话，感受课文准确的表达。

隧道顺着地势弯弯曲曲，九寸深，一指宽，这便是蟋蟀的住宅。

隧道顺着地势弯弯曲曲，最多九寸深，一指宽，这便是蟋蟀的住宅。

◆ 发现观察密码一：细致观察。

准确的用语恰好反映了法布尔细致的观察。

4. 了解蟋蟀修建住宅的过程。

（1）借助"施工流程图"，了解蟋蟀修建住宅的过程。

◆ 读一读：读课文第 7～9 自然段。

◆ 填一填：填写蟋蟀的住宅"施工流程图"。

◆ 说一说：借助"施工流程图"，介绍蟋蟀修建住宅的过程。

蟋蟀的住宅"施工流程图"

第一阶段： 挖洞					第二阶段： 整修		
工期：☑很短 □很长（请打"✓"）					工期：□很短 ☑很长（请打"✓"）		
施工方式	工具	前足	大颚	后足	锯	施工方式：不断抛出泥土	
	作用	扒土	搬土块	踏地	推土		
工程成果：洞有两寸深，够宽敞					工程成果：洞加深加阔		

（2）发现观察密码二：连续观察。

通过观察"工期"，我们不仅发现了蟋蟀施工的时间长，也发现了法布尔连续观察的时间长。

（3）比较阅读。

◆ 比较：阅读课后麦加文的《昆虫》选段，想想在表达上与课文有什么不同。（课后选段简洁严谨，课文准确生动）法布尔运用了拟人的手法，俨然让我们看见了一位技艺高超的工程建筑师。

◆ 继续发现课文中准确生动的语言。

描写洞穴内部的词语：住宅、大厅、卧室、平台。

描写蟋蟀动作的词语：耙扫、收拾、弹琴。

描写蟋蟀性格的词语：慎重、仔细。

……

5. 发现观察日记的秘密。

（1）了解法布尔创作《昆虫记》的背景。

（2）发现观察密码三：融情观察。

在法布尔的眼中，蟋蟀哪里还是一只小昆虫，它分明就是一位建筑师，一个老朋友，一个人的形象呀！我们似乎又破解了法布尔观察的密码——融情观察。

6. 尝试写一篇观察日记。

（1）阅读交流：读"阅读链接"中的《燕子窝》，说说和自己做的观察记录相比，有什么不同。全班交流发现。

◆ 连续观察时，可以写多篇日记进行组合。

◆ 日记前后的内容要有铺垫和衔接，使几篇日记形成一个整体。

◆ 不仅要在日记中记录观察对象的变化，也要记录自己的发现与想法。

（2）写一则观察日记：课后，学着《燕子窝》，运用本节课所学，将自己近期所做的观察记录改写成观察日记。

子任务三：做观察日记册

活动一：打开观察视角

1. 了解动物的家的不同说法。

（1）学习《语文园地》里"词句段运用"中的示例，了解动物的家有不同的说法。

（2）继续完成"词句段运用"中的连线题，通过联系生活、借助图片等说说不同动物的家的样子。

（3）拓展了解其他类似的词语。想一想你对哪种动物的家感兴趣，可以去观察一下，继续写观察日记。

2. 对比不同用词的意思。

（1）对比读：对比读"词句段运用"中的两组句子，说说每组句子意思不同在哪里。

（2）学提示：读读泡泡语里的提示，了解"逐渐"一词体现了连续观察，表达更准确。

（3）说体会：借助泡泡语提示的方法，说说"最多"一词说明了什么，体现了什么。

（4）拓展学：找找这个单元的课文里，还有哪些词语的表达也很准确。夸一夸自己的观察日记里，有哪些词语的表达准确。

3. 学习打开观察视角。

（1）读汪曾祺的《葡萄月令》，说说作者连续观察了几个月，分别观察了葡萄

哪些方面的变化。(葡萄藤、叶子、卷须、花、葡萄粒)

(2) 从中选择三个月份的葡萄变化,结合插图思考:作者是从哪些角度来观察葡萄变化的?(如"乌黑色",从颜色角度观察;"像五个指头一样的伸开,扇面似的伸开",从形状角度观察……)

(3) 找找文中像"葡萄睡在铺着白雪的窖里"这样运用了拟人手法的句子,找出来和大家交流。

(4) 小结:你发现了哪些打开观察视角的方法?

(可观察事物的不同方面;可连续观察事物的不同方面在不同时间的变化;可把观察对象当作人,融入自己的想法做观察记录……)

4. 学谚语,观察气象。

(1) 把《语文园地》里"日积月累"中的谚语读正确、读流利。

(2) 说说自己对谚语的理解,交流不懂的问题。

(3) 熟读理解,背诵积累。拓展了解其他气象谚语。

(4) 观察一周气象,验证是否与相关谚语说得一致。

活动二:写写观察日记

1. 制作观察日记册的目录:前两周,我们一边在课文中学习作家的观察方法,一边对周围的事物进行了连续观察,做了观察记录,还试着改写成观察日记。怎样让自己的观察日记获得同学的点赞呢?让我们开启新的任务挑战,制作观察日记册。

(1) 展示学生近两周的观察记录,了解观察对象。

(2) 尝试分类,制作观察日记册的目录。

2. 对比表单与日记,学写清楚。

(1) 对比一:对比一份观察记录单与一篇观察日记,讨论两者有什么不同。

观察对象	时间	状态	颜色
绿豆	10 月 1 日	将绿豆用水泡湿,用潮湿的布盖住	绿色
	10 月 2 日	绿豆没有动静	绿色

观察对象	时间	状态	颜色
绿豆	10月3日	绿豆开始膨胀	外壳颜色变淡
	10月4日	绿豆破皮,露出小芽	小芽乳白色
	10月5日	绿豆长高了1厘米	芽瓣嫩黄色
	10月6日	绿豆又长高了3厘米	芽瓣黄绿色

10月4日　　　星期三　　　晴

一颗颗小绿豆开始膨胀变大,有一部分小绿豆已经涨破绿色的外皮,露出小小的、尖尖的白色胚芽。

◆ 格式不同:日记要写清日期、天气等情况。

◆ 记录语言不同:表单中的记录信息简单。日记中要记录观察对象的变化,也要记录自己的想法、心情等。

(2)对比二:同样是观察日记,怎样写清楚呢? 讨论交流。

10月4日　　　星期三　　　晴

一颗颗小绿豆开始膨胀变大,有一部分小绿豆已经涨破绿色的外皮,露出小小的、尖尖的白色胚芽。

10月4日　　　星期三　　　晴

哇!绿豆大变样了:豆子涨得比原来大了约两倍。我小心翼翼地拿起其中一颗,用手轻轻一捏,发现它已经有些软了。它的"绿外套"上起了一层层褶皱,"眼睛"周围的颜色变深了。仔细看看,嘿,"眼睛"边上露出了小小的、尖尖的白色胚芽,好像婴儿的乳牙,好可爱啊。我把鼻子凑上去深深吸气,一股绿豆香扑面而来。我想:过不了几天,我的小绿豆就要脱掉"外套",露出长长的、白白嫩嫩的芽儿了。

◆ "约两倍":用准确的语言写出了观察对象的变化。

◆ "用手轻轻一捏""把鼻子凑上去深深吸气":调用了多种感官观察。

◆ "好像婴儿的乳牙,好可爱啊":写出了自己的感受。

（3）尝试根据讨论内容，进行修改。

我能修改	做到了吗
用准确的语言写出了观察对象的变化	（　　）
调用了多种感官写观察发现	（　　）
写出了自己的想法与感受	（　　）

3. 跟着课文学写日记。

（1）链接"交流平台"：如何完善自己的观察日记，获得更多同学的点赞呢？可以学习"交流平台"，向作家学方法。

┃交流平台┃

> 只有进行细致的观察，才能写得准确。

> 它用前足扒土，还用钳子似的大颚搬掉较大的土块。它用强有力的后足踏地。后腿上有两排锯，用它们将泥土推到后面，倾斜地铺开。

> 爬山虎的脚要是没触着墙，不几天就萎了，后来连痕迹也没有了。触着墙的，细丝和小圆片逐渐变成灰色。

> 作者不但观察细致，还连续观察了一段时间。

> 观察不仅要用眼睛看，还要用耳朵听，用心想。

> 那微斜的门口，经过仔细耙扫，收拾得很平坦。这就是蟋蟀的平台。当四周很安静的时候，蟋蟀就在这平台上弹琴。

（2）讨论交流，梳理发现：

◆ 运用不同的连续动词"扒""搬""踏""推""铺"，可以表达得更准确。

◆ 运用"不几天""后来""逐渐"等词语可以写出事物变化的过程。

◆ 不仅要写看到的，也要写想到的。

（3）对照建议，再次修改：

我能修改	做到了吗	我要点赞	我的赞数
用准确的语言写出了观察对象的变化	（　　）	改动作词，使表达更准确	（　　）
调用了多种感官写观察发现	（　　）	增一处感官观察描写，使表达更细致	（　　）
写出了自己的想法与感受	（　　）	增加从连续观察中收获的不同想法	（　　）

（4）整理观察日记，和同学分享交流。

活动三：晒晒观察日记

1. 筹备展览。

（1）学生以小组为单位分配任务，如时间安排、地点选定、海报设计、场地规划与布置等，分工合作。

（2）参考观察日记册的目录，将观察日记分类展示。

2. 晒晒观察日记。

（1）为自己的观察日记做好宣传与介绍，为个人作品集赞。

（2）学生统计点赞数，评选"十佳观察日记"。

（3）学生就此次活动说收获，总结办展的经验。

3. 收集大家的观察日记，制作观察日记册，并通过投票选出最佳命名与最佳封面设计。

4. 单元总结：同学们，在这两周的学习时间里，我们打开了观察视角，进行了连续观察，并制作了观察日记册。愿我们通过本单元的学习，养成连续观察的习惯，体会观察的乐趣，收获更多的学问。

第9讲　追寻百年不变的爱国心

——统编教材四年级上册第七单元"实用性阅读与交流"学习任务群设计

➡️ 一、主题与内容

（一）任务群的归属

本单元由四篇课文组成,分别是《古诗三首》《为中华之崛起而读书》《梅兰芳蓄须》《延安,我把你追寻》,单元习作是"写信"。

《义务教育语文课程标准（2022年版）》中"实用性阅读与交流"学习任务群第二学段的第1条学习内容要求学习"简单书信等日常应用文,注意称谓和基本格式,文明礼貌地进行交流"。单元习作"写信"对应这一条内容的要求。第3条是"学习具体、清楚、生动地讲述有关老一辈无产阶级革命家和革命英雄、劳动模范、科学家的事迹"。单元选文《为中华之崛起而读书》讲述的是少年周恩来的凌云壮志,《梅兰芳蓄须》赞颂京剧大师梅兰芳的爱国精神和民族气节。根据以上分析,本单元以"实用性阅读与交流"学习任务群组织教学活动。

课文《古诗三首》和现代诗《延安,我把你追寻》属于典型的文学作品,可以把这两篇课文再造为"实用性阅读与交流"学习任务群的信息源与资料库,使它具有实用指向,将单元内容统整在一起。

（二）主题的确定

本单元围绕着"家国情怀"这一人文主题,从《古诗三首》的《出塞》《凉州词》《夏日绝句》到《为中华之崛起而读书》和《梅兰芳蓄须》,再到《延安,我把你追寻》,单元所有的内容都指向核心词——爱国心。文中无论无名小卒、凡夫俗子,还是伟人英杰、优秀社会主义建设者,都拥有赤子情怀,形成了一条贯穿古代、近现代、当代的鲜明主线。根据以上分析，将本单元的学习主题提炼为"追寻百年不变的爱国心"。

（三）内容的组织

本单元阅读要素是"关注主要人物和事件，学习把握文章的主要内容"，是在本册教材第四单元"了解故事的起因、经过、结果，学习把握文章的主要内容"这一阅读要素的基础上引导学生学习如何关注主要人物和事件，把握文章的主要内容。承载此功能的是《为中华之崛起而读书》和《梅兰芳蓄须》这两课。

本单元的习作要素是"学习写书信"，要求掌握书信的格式规范，在正文中抒写赞颂英烈的故事，体现"爱国心"这一主题，从而表达生活，服务生活。

二、目标与评价

单元学习目标	单元学习评价
1. 认识 30 个生字，读准 3 个多音字，会写 23 个字，会写 16 个词语。积累 8 个描写人物精神品质的成语。 2. 感受反问句的表达效果，知道反问句能加强语气，表达强烈的情感，并学习反问句在不同情境下的运用。 3. 背诵、默写相关古诗。	1. 掌握本单元的相关词语，能通过练习测评。 2. 能运用反问句在不同情境中进行表达，完成《语文园地》中的练习。 3. 能背诵三首古诗及《语文园地》"日积月累"中的《别董大》，默写《出塞》《夏日绝句》两首古诗。
1. 关注主要人物和事件，学习把握文章的主要内容。 2. 能通过查找资料、联系时代背景理解课文内容，搜集其他英雄人物的事迹，感受人物的家国情怀，培育爱国之心。	1. 能在"感动中国 百年人物"的海报中，撰写简明的主要事迹。 2. 能填写海报中的"人物评价"一栏，语言精练，概括到位。 3. 阅读课外资料，拓展制作课外的英雄人物海报。
1. 借助资料和微课进行拓展，联结生活，理解延安精神。 2. 通过多种形式的朗读读出诗歌的韵律、节奏和情感，抒发心中的爱国情。	1. 能用图文结合的方式简要讲述延安的历史故事。 2. 分组分工进行诗歌朗诵会，多形式呈现，赞颂延安精神。

单元学习目标	单元学习评价
1. 掌握书信的格式规范。 2. 正确填写信封进行寄送,或发送电子邮件。 3. 能用书信与他人进行思想、情感交流。	1. 能用正确的格式写信,做到内容清楚,体现交际互动。 2. 正确填写信封或电子邮件的相关内容,并将书信通过邮局寄给收信人,或发送电子邮件。 3. 书信的正文能表达自己对英雄人物的敬仰之情。
体会民族气节和爱国精神,种下家国责任的种子,并立志传承红色文化。	参与海报展的策划和布置,并参观、留言、点评,表达爱国之心。

三、情境与任务

（一）学习情境

　　基于"追寻百年不变的爱国心"这一单元主题,可以创设一个真实的学习情境:"中华民族是一个伟大的民族,作为中国人,我们每个人都为之骄傲。在中国历史的长河中,涌现了一位位时代英杰、爱国志士。为了缅怀先烈、致敬英雄,班级要开展'感动中国　百年人物'的主题海报展,用一张张海报来展现历史长河中的一位位英雄人物的风采。"据此,接下来的课文教学,每学习一篇课文就完成一张人物海报,像《古诗三首》中的边塞将士,《为中华之崛起而读书》中的周恩来,《梅兰芳蓄须》中的梅兰芳。每一课都以完成主题海报为最终学习成果,完成后张贴在教室的墙壁上,并延伸到课本之外的英雄人物,让学生收集资料,制作其他英雄人物的海报图谱。其间,辅之以《延安,我把你追寻》诗歌朗诵会、赞颂英烈故事的书信写作等语文实践活动。在单元的终结课,举行"感动中国　百年人物"主题展览的布展、参观、点评、留言等参与式活动。

（二）任务框架

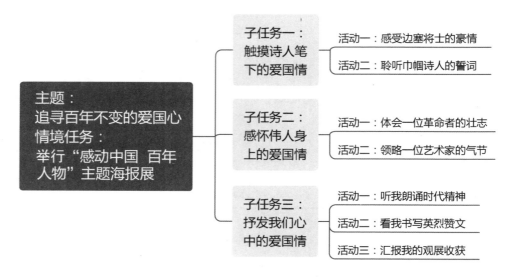

为了更好地完成三个学习任务，将情境任务作了活动分解，设计了结构化的活动链：

子任务一是学习《古诗三首》，寻找每一首诗、每一句诗里藏着的爱国情感，品味赏析，并搜集诗人的其他爱国诗作，完成本课的海报。

子任务二是分别学习课文《为中华之崛起而读书》和《梅兰芳蓄须》，落实语文要素，把握文章的主要内容，拓展制作其他人物的海报。

子任务三的活动一是学习课文《延安，我把你追寻》，举行诗歌朗诵会；活动二是学习单元习作"写信"，表达对英烈的崇敬之情；活动三是《语文园地》的学习与整体情境的统整，参观海报展并留言互动。

（三）课时规划

课时安排	学习内容
第1、第2课时	明确任务群情境任务，单元统整概览，学习古诗《出塞》《凉州词》《夏日绝句》。选择爱国诗人，收集他们的爱国诗作。
第3、第4课时	学习课文《为中华之崛起而读书》，学习把握主要内容，准备展览内容。

课时安排	学习内容
第5课时	学习课文《梅兰芳蓄须》，学习把握主要内容，准备展览内容。
第6课时	学习课文《延安，我把你追寻》，对延安精神进行图文结合的解说，举办朗诵会。
第7课时	习作：给特定对象写信，讲述英烈故事，掌握书信格式。
第8课时	汇报：梳理《语文园地》，拓展补充，策划"感动中国　百年人物"主题海报展，学生参观、点评、留言。

四、活动与过程

子任务一：触摸诗人笔下的爱国情

活动一：感受边塞将士的豪情

1. 串一串整组课文的主题情境。

（1）创设主题情境：在中国历史的长河中，涌现了一位位时代英杰、爱国志士。为了缅怀先烈、致敬英雄，班级要举办一场"感动中国　百年人物"主题海报展，宣传爱国人物的事迹，弘扬他们的爱国精神。让我们通过第七单元的学习，推荐爱国人物，为他们制作海报，办好这次展览。

（2）概览单元内容。基于预习，浏览整个单元，初识课文人物，思考：他们能不能成为海报展的推荐人物？

（3）引出单元主题："天下兴亡，匹夫有责。"这节课我们来学习《古诗三首》，一起去触摸诗人笔下的爱国情。

（4）初读古诗，读正确，读好停顿。

2. 找一找每句诗中藏着的爱国情感。

（1）借助注释与插图，读懂《出塞》《凉州词》。

（2）默读，找一找能体现边关战士爱国情的地方，用"♡"作标注，同桌互相交流体会。

（3）全班交流《出塞》。

第一句：秦时明月汉时关

思考讨论：朝代更迭，是什么支撑着每个朝代的将士们去守卫边关？

第二句：万里长征人未还

质疑：为什么"人未还"？难道边关战士们不想回家吗？

第三句：但使龙城飞将在

◆ 结合注释及资料，了解"龙城飞将"。

◆ 人物评价：李广是一位（　　　　）的将军。

◆ 句式表达，体会边关将士对龙城飞将的期待：

要是龙城飞将在，胡人就_____；

要是龙城飞将在，边关就_____；

要是龙城飞将在，国家就_____。

◆ 小结：在战争频繁的边关，战士们深情呼唤龙城飞将，其实就是渴望盖世英雄出现，渴望早日结束战争。

第四句：不教胡马度阴山

◆ 过渡：俗话说"三军易得，一将难求"。如果没有朝廷支持，没有像李广这样英勇善战的将军来驻守边关，你觉得边关将士们会放弃驻守，弃边关于不顾吗？

◆ 抓住"不教"二字，体会边关将士的铮铮誓言。

（4）全班交流《凉州词》。

第一、第二句：葡萄美酒夜光杯，欲饮琵琶马上催。

◆ 学生交流体会到的爱国情。

◆ 深入思考：荒凉、苦寒的边塞，将士们真能喝上这么好的酒，用上这么奢华的酒杯吗？战争随时都会打响，他们怎么不害怕，还有心情喝酒？

第三、第四句：醉卧沙场君莫笑，古来征战几人回？

◆ 学生交流体会到的爱国情。

◆ 深入体会：你会嘲笑这群喝得醉醺醺的将士吗？

◆ 联结"万里长征人未还"体会"古来征战几人回"的爱国豪情。

（5）配乐诵读《出塞》《凉州词》，并背诵。

3. 搜一搜爱国主题的边塞诗作。

4. 筹备主题展览。

（1）讨论：这些边关战士能不能登上本次"感动中国　百年人物"主题展览？讨论后形成人物评论。

（2）贴海报，做展览。

活动二：聆听巾帼诗人的誓词

1. 聊一聊诗中的英雄人物项羽。

（1）借助注释，理解大意。

（2）认识项羽：读到"破釜沉舟""拔山盖世"这两个词语，你看到了项羽怎样的形象？说一说诗中项羽的故事。

2. 赞一赞巾帼诗人的铿锵之声。

思考：李清照为什么"思项羽"？ 找一找体现李清照爱国之情的诗句，用"♡"作标注。

第一、第二句：生当作人杰，死亦为鬼雄。

◆ 学生交流。

◆ 补充资料，了解"人杰""鬼雄"。

◆ 通过朗读体会李清照巾帼不让须眉、忠于国家的爱国之情。

第三、第四句：至今思项羽，不肯过江东。

◆ 学生交流。

◆ 补充资料，思考李清照思项羽的原因以及她要告诉统治者们什么。

3. 写一写对巾帼诗人的人物评价。

撰写人物评论，完成人物海报，贴上展板。

4. 比一比两组古诗的异同。

（1）默读比较三首诗的异同。

（2）交流发现。

◆ 相同点：都表达了深深的爱国之情。

◆ 不同点：朝代不同、体裁不同、题材不同……

（3）回归主题，拓展延伸。

◆ 回归主题，小结：天下兴亡，匹夫有责。

◆ 学生分享搜集积累的爱国诗句。

子任务二：感怀伟人身上的爱国情

活动一：体会一位革命者的壮志

1. 说一说：学习《为中华之崛起而读书》，把握主要内容。

（1）知任务。

① 情境导入：让我们继续"追寻百年不变的爱国心"，从感受古代诗人的爱国情，走到近现代，去感怀伟人身上的爱国情。

② 借助字典，查询"崛"字的义项，理解课题。

③ 布置学习任务：了解少年周恩来，完成海报。

（2）解词语。

① 根据语境选择多音字"模、背"的读音，理解"背着"的意思。

② 结合字典义项，理解"振"的不同含义：

魏校长听了为之一振！

中华不振哪！

（3）提出学习难点：试说少年周恩来的主要事迹。

（4）发现主要人物。

① 读课文，梳理主要信息，完成表格。

时间	地点	人物
新学期开始	学校修身课上	周恩来　魏校长　同学
十二岁那年	奉天	周恩来　伯父
一个星期天	被外国人占据的地方	周恩来　同学　妇女　中国巡警　围观的中国人

② 梳理表格，说发现：按时间顺序写作，主要人物是周恩来。

（5）学方法：学习把握故事主要内容的新方法，即概括"主要人物＋事件"。主要人物是周恩来，事件就是干什么。

① 自主学习。默读第 1～10 自然段，用"主要人物＋事件"的句式想想第一件事的主要内容。

② 借选择，巧辨析。

选一选：关于第一件事的主要内容，哪一项是正确的？ 说说理由。

A. 魏校长问同学们为什么而读书，同学们纷纷作答。

B. 周恩来立下"为中华之崛起而读书"的志向。

C. 周恩来回答了魏校长的问题。

辨析要点：逐项明确是否说清主要人物和事件。

（6）用方法。

① 默读第二件事和第三件事，用"周恩来＋干什么"的句式试写主要内容。

② 选一选谁写的事件主要内容更准确，说说理由。

（7）借助表格，说清楚事件。

（8）串联多件事，完成海报上的人物事迹栏。

① 明晰两种顺序：从起因到结果，从结果到起因。

② 选关联词"因为……所以……""之所以……是因为……"练说。

③ 填写海报中的人物事迹栏。

2. 品一品：走进人物内心。

（1）寻找"中华不振"：默读第 11～17 自然段，画出具体表现"中华不振"的语句，并交流汇报。

（2）目睹"中华不振"。

① 读相关语段，抓关键词说说谁的表现让你强烈感受到中华不振，和同桌交流。

② 集体交流。

妇女：原本指望、撑腰、训斥

中国巡警：不但不、反而

围观的中国人：紧握拳头、只能劝慰

③ 小结：不幸的妇女原本指望的和实际得到的，中国巡警原本应该要做的和现在所做的，围观的中国人原本心中想做的和表现出来的，都截然不同，他们的表现都在告诉我们——中华不振！

④ 有感情地朗读。

⑤ 拓展资料，感悟"中华不振"，想想：此时的周恩来心里会想些什么？

3. 评一评：评价人物精神。

（1）对侵略者的恨，对祖国和人民的爱缠绕在心头，于是在修身课上，他立下志向——"为中华之崛起而读书"。思考：用一句话来评价这位少年，你会怎样评价？写在海报评论区。

（参考句式：这少年＿＿＿＿＿＿＿＿＿＿＿＿＿＿。）

（2）学习修身课上的这一幕。

◆ 读一读：小组合作读第 1～10 自然段。

◆ 演一演：组员商量分角色进行朗读。

（3）随机采访，再次感受博大胸怀。

◆ 采访"周恩来"："默默地坐在那里，若有所思"，你在想什么？

（参考句式：我想起了＿＿＿＿＿＿＿＿＿＿，想起了＿＿＿＿＿＿＿＿。）

◆ 采访"魏校长"：为什么说"有志者当效此生"？

◆ 采访"同学"：魏校长让你们学习周恩来，你觉得他说得对吗？

活动二：领略一位艺术家的气节

1. 读一读，走进人物故事。

（1）回顾旧知，再现情境。

（2）预习反馈。

① 读准字音，并理解词语意思：侵略者　沦陷　租界　"大东亚圣战"

② 反馈课前预习时填写的人物基本资料：姓名、身份、角色、代表作等。

③ 借助图片了解京剧五大行当，重点了解旦角。

④ 读第 1 自然段，了解要演出需"剃须"。

2. 说一说，把握主要内容。

（1）出示时间轴，指导学生填写，示范概括 1937 年的主要事件（藏身租界、躲避纠缠）。

|（上海）|（香港）|（香港）|（上海）|（上海）|
|1937 年|——1938 年底——|1941 年 12 月——|后来——|一次|

——————　——————　——————　——————　——————

（2）小组合作，填写时间轴。借助时间轴，抓住主要事件，连起来讲一讲文章的主要内容。

（3）教师评价，指导修改。学生完成海报中的人物事迹栏。

3. 品一品，走进人物内心。

（1）关注言行，简单批注：在梅兰芳蓄须明志的岁月里，他放弃了什么？用横线画出来，并作简单批注。（房子、金钱、登台演出的机会、健康……）

（2）思维碰撞，讨论交流：你觉得梅兰芳的所有放弃是自愿选择还是被逼无奈？圈出理由。

预设："不能、只能、只好……"这一类词写出了梅兰芳的无奈，"不再、无论、宁可、也绝不"这类词语写出了梅兰芳的坚定。

小结：在特殊时代背景下，蓄须明志既是被逼无奈，更是作为一名中国人心甘情愿的选择！

（3）在海报人物评价栏中写下一句话评价：

梅兰芳放弃的是（　　　），坚守的是（　　　）！

4. 想一想，绘时代英雄画谱。

（1）盘点教材内的英雄。

（2）拓展当代英雄。

（3）作业布置：

① 读其他"感动中国　百年人物"的故事，继续绘制海报，参加班级的海报展。

② 为已完成的海报点赞留言。

子任务三：抒发我们心中的爱国情

活动一：听我朗诵时代精神

1. 查一查：学习《延安，我把你追寻》，图文结合明其意。

（1）初读诗歌。

① 读一读：自由朗读诗歌，读通读顺，难读的地方多读几次。

② 想一想：这篇课文跟前面学的几篇有什么不一样？

（2）反馈梳理。

① 图文对照，学习字词。

镢头　土炕　窑洞

② 交流追寻的事物，读好诗句。

2. 悟一悟：抓住诗歌意象，感受其表达的情感。

（1）借助资料，了解延河、枣园、南泥湾、杨家岭背后的故事。

（2）教师点拨，引导关注资料中的主要人物与事件。

（3）思考：诗人仅仅是在追寻这一个个故事吗？诗人到底在追寻什么？（指导理解事件背后的延安精神）

3. 辩一辩：如何传承延安精神。

（1）多维联结谈延安精神：默读第 3、第 4 小节，联结诗歌及课前收集的资料发表观点。

（2）对比朗读感受延安精神：历史的车轮滚滚向前，我们的国家发生了翻天覆地的变化，就像诗歌中写的——（读第 3、第 4 小节前半部分）；现代科技飞速发展，生活条件日新月异，但无论我们走得多远，都不能忘记来时的路——（读第 3、第 4 小节后半部分）。

（3）微课展播悟延安精神。

4. 诵一诵：讴歌时代精神。

（1）出示诗歌朗诵会的任务要求。

四人小组合作，组长分配任务，选择喜欢的方式朗诵。

◆ 多元化选择配乐（提供 3 首风格接近的乐曲）。

◆ 分配任务（朗诵方式可一人一句、一人一段、男女分配、一人领读三人齐诵等）。

（2）四人小组合作朗诵。

（3）师生合作，集体朗诵。

活动二：看我书写英烈赞文

1. 学习单元习作"写信"，谈一谈对书信的了解。

（1）认识书信：说说在影视作品或生活中见过的书信的作用与价值，看看教师提供的真实书信，谈谈书信和微信、短信的不同之处。

（2）展示交流：说说在单元学习中阅读英雄故事的感受，分享对身边英雄人物的访谈，记叙校园致敬英雄活动的见闻等。

（3）明确功能：从交际功能出发，确定写信对象。可分享英烈故事，写给亲人、朋友；可表缅怀和敬意，写给英烈家属；可感谢或提建议，写给革命纪念馆工作人员等。

2．圈一圈书信格式。

（1）联结经验：观察教材中的书信格式范例，联结已学的留言条格式，圈画需要注意的地方。

① 新增：问候语、祝福语。

② 变化：称呼、署名、日期的写法。

（2）探究书信礼仪：称呼与祝福语顶格写表示"敬人"，署名在右下方表示"自谦"。

（3）布置驱动任务：自主写信。

3．议一议书信的交际功能。

（1）模拟交际：展示学生书信，其他学生从收信人的视角谈谈感受。

（2）范文支架：再读黑夫木牍和周恩来写给表兄陈式周的信，关注书信正文首尾处的隔空对话与关心问候等。

（3）默读教材第 1 自然段，议一议书信的互动价值：互通消息、交流感情……

（4）改一改：炼字锻句诉衷肠。

完善书信内容，写完后读一读，再对照要求改一改。

```
√ 我的书信格式正确吗？

√ 我是在和对方交流吗？

√ 我为对方带去问候和祝福了吗？
```

（5）寄一寄：真实情境寄书信。

教师示范信封及电子邮件相关信息的填写,学生自主填写收信人的真实信息。鼓励课后选择方便的方式,将信件寄到收信人手中。

活动三:汇报我的观展收获

1. 理一理:整理方法精练习。

(1)组内交流:围绕"怎么把握文章的主要内容"进行总结整理。

小组成员轮流说说自己觉得最有效的方法,并举本册已学过的课文为例进行说明。

(2)集体交流:小组汇报交流,其他小组补充。

(3)整理梳理:朗读《语文园地》"交流平台"中学习伙伴的对话,与自己的学习收获对照整理。预设:

◆ 一篇文章一件事:弄清事情的起因、经过、结果。经过部分可借助题目提示的文章主要内容进行归纳。

◆ 一篇文章多件事:弄清每件事讲了什么,再运用关联词串联事件。

2. 品一品:借助朗读巧积累。

(1)自主练读:自由朗读《语文园地》"日积月累"中的《别董大》,把诗读正确、读流利,重点指导"曛"。

(2)想象朗读:结合插图和关键词想象古诗描绘的情景,说说理解,有感情地诵读。

圈画诗中的景物(黄云、白日、北风、雁、雪),说说景物构成的画面感(凄切、空旷),想象仿佛看到了什么,听到了什么,谈谈感受到诗人送别朋友时是怎样的心情(难舍的离愁)。

(3)联系背景:链接董大的相关资料,再读最后两句诗,想象高适和董大的对话,感受董大在困境中的乐观与豁达。

(4)熟读成诵。

3. 议一议:海报展览巧布置。

(1)展览选址:讨论海报展览地点,并说说理由。

预设:教室外楼道走廊,让同年级同学参观;图书馆外,激发同学阅读红色经典书籍的兴趣等。

(2)展览准备:制作"人物品质"词卡,让参观展览的同学为英烈点赞。学习

《语文园地》"词句段运用"的第一部分。

① 音：自由朗读，重点指导"刚正不阿""大义凛然""秉公执法"。

② 义：交流不理解的词，想想可以形容哪些人。

③ 拓展：还可以准备哪些词卡供参观者点赞用？预设：鞠躬尽瘁、死而后已、永垂不朽等。

（3）写展览留言。

① 说说如何写展览留言。

预设：说说展览中的人物事迹体现的精神品质，表达参观展览的感受。

② 体会陈述句与反问句的不同语气。

◆ 学习《语文园地》"词句段运用"的第二部分。自由朗读，发现并交流两个句式的异同点，对比朗读，感受效果。

◆ 针对教材提供的两个情境，分别用陈述句和反问句说一说，对比不同的表达效果。

③ 出示周恩来人物海报，试写留言。引导学生运用"词句段运用"中积累的形容人物品质的词，用陈述句或反问句写留言。

第10讲　科技博物馆之旅

—— 统编教材四年级下册第二单元"实用性阅读与交流"学习任务群设计

➡ 一、主题与内容

（一）任务群的归属

本单元以"探问科学世界"为主题，编排了四篇课文《琥珀》《飞向蓝天的恐龙》《纳米技术就在我们身边》《千年梦圆在今朝》，以及口语交际"说新闻"、习作"我的奇思妙想"。整个单元人文主题集中，描绘了自然的奥秘、科技的神奇，以及对未来科学技术的展望，引导学生感受科技的魅力，激发热爱科学、探索自然的兴趣。

《义务教育语文课程标准（2022 年版）》"实用性阅读与交流"学习任务群第二学段的第 2 条学习内容提道："学习阅读说明、叙写大自然的短文，感受、欣赏大自然的奇妙与美好。学习用日记、观察手记等，展示自己观察自然、探索科学世界的收获。"本单元的教材内容对应课标要求，因此以"实用性阅读与交流"学习任务群组织教学活动。

（二）主题的确定

本单元的四篇课文，体裁以科普说明文为主，题材上有学生喜欢的恐龙、琥珀、飞船，也有新兴的纳米技术。内容对学生具有足够的吸引力，能引发思考，便于发问质疑，展开想象。每篇课文的课后题都设置了用自己的话来解说的任务。这就要求学生在对科学世界有了认知和理解后，能进行自主表达。基于教材分析，本单元的学习主题为"探问科学世界"，以"科技博物馆之旅"为学习情境，引导学生化身科学宣讲员，探索科学的神奇和奥秘。

（三）内容的组织

单元阅读要素是"阅读时能提出不懂的问题,并试着解决",这是基于四年级上册第二单元"提问"阅读策略的进一步发展,旨在引导学生在阅读时提出不懂的问题,并试着解决,形成良好的阅读习惯。"展开奇思妙想,写一写自己想发明的东西"是本单元的习作要素。本单元的习作是"我的奇思妙想",引导学生用文字描述心中所想,既符合儿童富于想象的心理特点,又能激发他们发明创造的兴趣。本单元的学习,从阅读到写作,内容紧密相连,通过提问和解决问题,激发学生对科学和未知世界探索的兴趣,通过引导想象,激发学生敲开科技大门的信心。

➡️ 二、目标与评价

单元学习目标	单元学习评价
1. 认识 57 个生字,读准 2 个多音字,会写 45 个字,会写 45 个词语。 2. 理解一些词语的新含义,并能积累一些具有新含义的词语。	1. 通过填写宣传词,掌握本单元相关的生字新词,能通过练习测评。 2. 借助制作海报,梳理本单元字词,理解并积累科技词语。
1. 能提出问题,并尝试通过不同的方式解决问题。 2. 梳理、总结遇到不懂的问题时,解决问题的方法。 3. 能理解并说出课文的主要内容。 4. 能够运用作比较的方法,介绍一种事物。 5. 产生阅读科普作品的兴趣,能提出不懂的问题,并运用多种方法解决。	1. 借助"问题箱""问题手册""问题漂流瓶",积极主动地提出问题。 2. 在"琥珀知识趣答棋""恐龙探秘手册""纳米造梦计划"等活动中,能运用多种方法解决问题。 3. 能借助思维导图进行主要内容的解说。 4. 运用作比较的方法,介绍展览大厅的"大"。 5. 在阅读《十万个为什么》时,能提出问题,并运用方法解决问题。
1. 能讲述一则新闻,准确传达信息。能把新闻说得清楚、连贯,并发表自己的看法。 2. 发挥想象,写出想要发明的事物。能够借助示意图清楚地介绍自己要发明的东西。能够根据别人的建议修改习作。	1. 借助"新闻直播间"主动搜集科技信息,清楚播报新闻,在互动中发表自己的看法,提升认知能力和思辨能力。 2. 写一写自己想发明的东西,在科技产品发布会上交流展评。展开想象,写一写纳米技术可运用于生活中的哪些地方。

（一）学习情境

基于"探问科学世界"这一单元主题，可以创设一个真实的学习情境："同学们，你们参观过科技博物馆吗？这个单元，让我们开始一场科技博物馆之旅，探索自然奥秘，追寻生命本质。在博物馆中，我们将化身科学宣讲员，填写博物馆宣传词。在自然科技探秘馆展厅中，我们解密万年琥珀，揭秘飞天恐龙。在现代科技展览馆中，我们探秘纳米技术，畅想航天之梦。科技瞬息万变，在未来科技畅想馆中，我们将用自己无穷的想象力畅想未来科技，开一场科技产品发布会！"

在"科技博物馆之旅"的情境中，通过当个科学宣讲员的活动，整合课文学习，以"问题箱""问题手册""问题漂流瓶"等形式，将解决问题的过程变得更加有趣，让学生在完成解说介绍任务的过程中，一步步习得解决问题的方法。

（二）任务框架

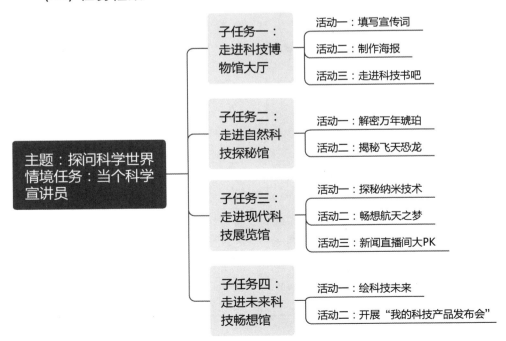

为了更好地完成四个学习任务，将情境任务作了活动分解，设计了结构化、场景化的活动链：

子任务一"走进科技博物馆大厅"，要求设计宣传词与海报，将字词学习与《语文园地》"词句段运用"整合。同时，将"快乐读书吧"提前，带领学生走进科技书吧。

子任务二"走进自然科技探秘馆"，活动一是学习课文《琥珀》，鼓励孩子提出问题，制作"问题箱"，激发孩子解决问题的兴趣，最后化身科学宣讲员，介绍琥珀的形成过程。活动二是学习课文《飞向蓝天的恐龙》，在制作探秘手册的过程中，巩固提问角度，发现解决问题的方法，最后简明扼要地解说演变过程。

子任务三"走进现代科技展览馆"，引导学习《纳米技术就在我们身边》，探秘纳米技术；学习《千年梦圆在今朝》，畅想航天之梦；学习口语交际"说新闻"，广泛搜集科技新闻并进行播报，评选"金话筒奖"与"最佳新闻评论员"。

子任务四"走进未来科技畅想馆"，要求学习习作"我的奇思妙想"，设计了"绘科技未来""我的科技产品发布会"两个活动，引导学生打开思路，发挥奇思妙想，分享创想的产品，互相点评。

（三）课时规划

课时安排	学习内容
第 1 课时	明确任务群情境，开启科技博物馆之旅活动，设计科技博物馆大厅，梳理本单元词语，推荐阅读《十万个为什么》。
第 2、第 3 课时	学习课文《琥珀》，解密万年琥珀，巩固提问策略，尝试解决问题，并解说琥珀的形成。
第 4、第 5 课时	学习课文《飞向蓝天的恐龙》，继续练习提问并解决问题，简明扼要地讲述飞天恐龙的演变过程。
第 6 课时	学习课文《纳米技术就在我们身边》，开启"纳米造梦计划"。
第 7 课时	学习略读课文《千年梦圆在今朝》，查找资料，解决问题，畅想航天之梦。
第 8 课时	口语交际：说新闻，开展"新闻直播间大 PK"。
第 9、第 10 课时	习作：发挥奇思妙想，绘科技未来，开展"我的科技产品发布会"。

子任务一：走进科技博物馆大厅

活动一：填写宣传词

1. 激趣：走进博物馆大门，映入眼帘的是展览大厅的宣传词。要填写宣传词，就要先对本单元的生字词进行梳理。

2. 自主认读本单元的生字，重点辨析多音字，指导难写的生字。

3. 展示展览大厅的宣传词，填一填，开启科技博物馆之旅。

科学世界，异彩纷呈。

我们能根据一块琥珀，tuī cè（　　　　）发生在几万年前的故事的详细 qíng xíng（　　　　）；我们发现了保存有羽毛的 kǒng lóng（　　　　）化石，给古生物学家们 miáo huì（　　　　）的画卷添上了点睛之笔；我们体会到了纳米技术带来的好处，它让人们更加 jiàn kāng（　　　　），甚至可以实现 jí bìng（　　　　）的早期检测与预防。

探索科技，探索精彩！

活动二：制作海报

1. 激趣：制作海报，我们要熟悉本单元四篇与自然和科技有关的课文。

（1）通读课文。

（2）交流：最喜欢哪篇文章？最感兴趣的是哪个地方？

2. 筛选关键词。

选择词语，在海报上添加科技词汇，如古代生命、航天科技、纳米技术等。

3. 联结"词句段运用"。

（1）下面这些词语，有的是近几十年出现的，有的是在原有含义的基础上有了新的含义。选择一两个词,和同学交流。

◆ 云技术　多媒体　克隆　互联网

◆ 桌面　潜水　窗口　文件夹

(2)发现规律:旧词新义,新兴词汇。

4.拓展科技词汇,如元宇宙、云计算、ChatGPT 等,完善海报。

活动三:走进科技书吧

1.导读《十万个为什么》。

(1)观察封面:了解作者及书名的出处。

(2)关注目录:引导发现《十万个为什么》用一个个站点和故事,带着我们进行了一次"屋内旅行"。作者借助 6 个站点,为我们提供了一份房间旅行指南。

(3)尝试阅读:引导发现米·伊林针对每个站点中常见的事物,提出了许多看似简单却不那么容易回答的问题。

出示片段,感受有趣:

> 　我们小时候都觉得,钟表是个活物件。听到嘀嗒嘀嗒的声音时,我们以为,这是钟表小心脏跳动的声音。打开表盖后,看到那么多大大小小的齿轮在运动,我们的眼睛都不够用了。这里面简直就像个大工厂!那些齿轮忙忙碌碌地干着活,就为了让时针和分针这两个小懒蛋动起来。乍看上去,这俩家伙还真不愿意动弹呢!

2.出示阅读卡,制订阅读计划。

(1)出示阅读困惑卡、阅读探索卡,提出问题写下来,并试着解决。

阅读困惑卡
1._____
2._____
3._____
4._____

阅读探索卡
1._____
2._____
3._____
4._____

(2)班级内交流,选出好的阅读困惑卡与阅读探索卡。

（3）根据每部分的页码来安排整本书的阅读进度，设计自己的阅读计划表。

3. 推荐阅读，开设博览会。

推荐阅读：科技书吧中，还有许多值得我们读的科普作品，如我国的《十万个为什么》、李四光的《看看我们的地球》、高士其的《灰尘的旅行》、贾兰坡的《人类起源的演化过程》。读读这些作品，你一定会对科学世界里有那么多的奥秘而感到惊奇。

<h2 style="text-align:center">子任务二：走进自然科技探秘馆</h2>

活动一：解密万年琥珀

1. 学习《琥珀》，制作琥珀"问题箱"。

（1）初读课文：欢迎进入自然科技探秘馆。瞧，这是一颗万年前的琥珀，琥珀是怎么形成的呢？让我们一起来解密万年琥珀吧！

（2）联系旧知，回顾提问角度。

（3）尝试提出新的问题，制作"问题箱"。

◆ 自己提出问题，记录在书本上。

◆ 小组交流问题，并初步尝试在组内解决。

小组交流反馈：小组内解决了哪些问题？是怎样解决的？

◆ 组内梳理、筛选问题，整理到"问题箱"中。

① 针对课文内容提问	② 针对课文写法提问	③ 针对课文启示提问

2. 琥珀知识趣答棋。

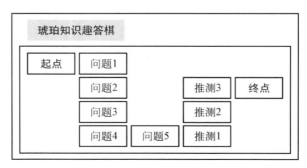

（1）出示"琥珀知识趣答棋"（棋盘分两个部分，一部分是问题，另一部分是推测）。

（2）开展棋盘活动，从"问题箱"中抽取问题，挑战解答同学提出的问题。

（3）揭秘形成过程。

默读课文，借助下面的示意图，填写关键信息。

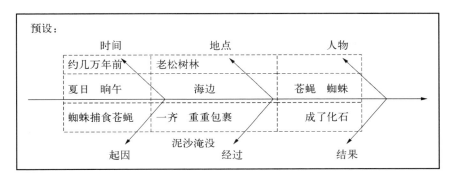

（4）聚焦"推测"：为什么说"从那块琥珀，我们可以推测发生在几万年前的故事的详细情形"？

◆ 明确"推测"："推测"就是根据已知的依据推想出未知的情况。

◆ 学习"推测"：默读课文和"阅读链接"，填写表格，交流反馈。

推测出的情形	推测的依据
晌午的太阳热辣辣地照射着整个树林。许多老松树渗出厚厚的松脂，松脂在太阳光里闪闪地发出金黄的光。	
一大滴松脂从树上滴下来，刚好落在树干上，把苍蝇和蜘蛛一齐包在里头。	

（5）总结解决问题的方法：联系旧知、联系上下文、查阅资料等。

3. 宣讲初试练。

激趣：同学们，科学宣讲员初试练开始了！了解完琥珀的形成过程，让我们来进行宣讲排练吧！

◇ 初级宣讲员：能借助排序图，有感情地叙述琥珀的形成过程。

◇ 中级宣讲员：能借助鱼骨图，用自己的话说说琥珀的形成过程。

◇ 高级宣讲员：能把自己当成其中的苍蝇、蜘蛛或那一滴松脂，创造性地讲解琥珀的形成过程。

活动二：揭秘飞天恐龙

1. 恐龙问题我来提。

（1）阅读课文《飞向蓝天的恐龙》，记录产生的问题，并填写在"恐龙探秘手册"上。

（2）筛选问题：小组内交流提出的问题，筛选出有价值的问题。

预设：

"中生代"是什么意思？

为什么说发现有羽毛的恐龙化石是"给这幅古生物学家们描绘的画卷涂上了点睛之笔"？

恐龙是怎样飞上蓝天的？

（3）解决问题：书读百遍，其义自见。很多答案就藏在课本中，联系文本，小组内交流，试着解决问题吧！

（4）反馈交流，关注表达。

◆ 感受语言的准确表达：课文中不少语句表达很准确，如"科学家们希望能够全面揭示这一历史进程"。找出这样的语句读一读，说说自己的体会。

地球上的第一种恐龙大约出现在两亿四千万年前。（"大约"一词能够去掉吗？）

有些科学家推测，一种生活在地面上的带羽毛的恐龙，在奔跑过程中学会了飞翔。（"推测"能否换成"确定"？）

◆ 感受语言的生动表达：课文的语言表达除了严谨、准确外，还有什么特点吗？一起来读读第 4 自然段。

（这段话语言非常生动，用了举例子、列数字、作比较等说明方法，介绍了庞大的恐龙家族中形态各异的成员。）

（5）总结方法：在探秘手册中总结解决每一个问题所使用的方法。看来，我们可以通过查阅资料、联系上下文、阅读课后"资料袋"、上网搜索、向他人请教等方法找到问题的答案。当然,在以后的学习中,我们会找到更多解决问题的方法。

2. 简明扼要说演变。

(1)任务驱动:自然科技探秘馆推出了一期关于恐龙演化的展览,用图片展示恐龙演化的过程。但是墙上的图片掉下来了,你们觉得这些图片的顺序应该是怎样的呢?读课文,把图片的顺序排好。

（ 2 ）　　　　　　（ 4 ）　　　　　（ 1 ）　　　　　　（ 3 ）

(2)任务驱动:在同学们的帮助下,博物馆的恐龙演化图片都回到了原位。可是,展览第二阶段,介绍恐龙的展板上有些字迹模糊不清,你们能帮帮忙吗?小组讨论,完成思维导图。

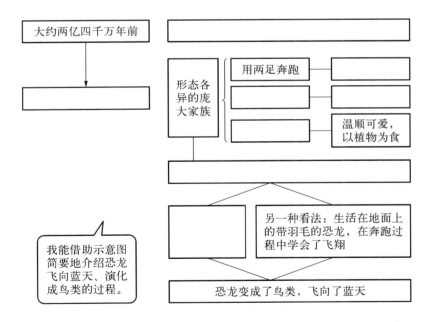

(3)任务驱动:博物馆馆长送来了感谢信,你们不仅帮忙还原了掉落的恐龙图片,还帮忙补全了展板,真是厉害!这样图文并茂的展板,如果能有一位口齿

清楚的科学宣讲员来解说一下就完美了！谁能胜任呢？老师给大家提供了开头和结尾。

大家好！我是×××，今天由我来给大家解说恐龙的演化过程。在中生代时期，恐龙的一支经过漫长的演化，最终变成了凌空翱翔的鸟儿。

…………

谢谢大家！请大家继续观赏。

（4）学生互相评价，教师指导表达得简明、清楚。讨论中明确什么是简明扼要地说。（形态各异的庞大家族和演化过程关系不密切，可以简单说，关系密切的说清楚；明确恐龙在每个阶段的关键特点。）

评价标准一：简明扼要地介绍恐龙飞向蓝天的演化过程。

评价标准二：按照顺序，用词准确。

评价标准三：像解说员一样仪态大方，表述清晰流畅。

初级讲解员：能够达到以上三个标准，讲清楚恐龙飞向蓝天的演化过程。

高级讲解员：不仅能达到以上三个标准，还能补充自己查阅的资料，让讲解变得生动形象。

子任务三：走进现代科技展览馆

活动一：探秘纳米技术

1. 开启"问题漂流瓶"。默读课文《纳米技术就在我们身边》，边读边记下自己的问题，然后跟小组内的同学交流。交流后，在已解决的问题前打钩。

（1）梳理问题。

合并重复的问题，对提出的不同问题进行讨论。

（2）筛选问题。

说说哪些问题不影响对课文内容的理解，可以暂时搁置，哪些问题可以帮助深入学习课文，与大家交流分享。

预设筛选后可以帮助深入学习课文的问题，如下：

① 什么是纳米？

② 什么是纳米技术？

③ 为什么说"纳米技术就在我们身边"？纳米技术对人类的生活会产生怎样的影响？

2. 打造"纳米造梦计划"。

（1）小组合作解决问题。

（2）交流反馈：聚焦"什么是纳米"，想一想从哪儿感受到了纳米的小。

纳米是非常非常小的长度单位，1纳米等于十亿分之一米。如果把直径为1纳米的小球放到乒乓球上，相当于把乒乓球放在地球上，可见纳米有多么小。

预设一："非常非常小"，作者用了两个"非常"，写出了纳米的小。

预设二："1纳米等于十亿分之一米"，体会列数字的说明方法。

预设三：如果把直径为1纳米的小球放到乒乓球上，相当于把乒乓球放在地球上，可见纳米有多么小。

（3）总结方法：在学习《纳米技术就在我们身边》时，我们将问题在班级中漂流起来，合作解决问题。我们都是用什么方法解决问题的呢？

预设：联系上下文、查找资料、结合生活经验、请教他人等。

（4）补充阅读《纳米来了》《卫星技术摄像机跟踪轨道碎片》，结合课后题，鼓励学生选择"纳米技术就在我们身边"或"纳米技术可以让人们更加健康"，说说自己的理解。

（5）打造"纳米造梦计划"：如果让你利用纳米技术，你会把它运用到生活的哪些地方？你想利用纳米技术的哪个特性为我们服务呢？请展开想象说一说，写一写，开启"纳米造梦计划"吧！

活动二：畅想航天之梦

1. 查找资料来解惑。

（1）默读《千年梦圆在今朝》，交流：中华民族千年的飞天梦是怎么实现的？

预设：古代神话传说，明代万户飞天，1970年发射卫星，2003年载人航天，2007年月球探测……是通过人们的勇于探索、不懈努力和团结协作实现的。

（2）再读课文，聚焦问题："千年梦"为什么能够实现？

预设一：勇于实践。

引导学生抓住"万户试飞"的相关语句进行交流。

预设二：团结合作。

结合"一百一十多个单位""广大科技人员""工人和解放军官兵"等关键词交流。

预设三：锲而不舍，不曾放弃。

聚焦"无数失败""惨重代价""没有放弃"等关键词深入体会。

（3）提问：对于千年航天之路，你有哪些疑惑？你还想知道什么？

◆ 查阅资料，在班级中交流分享。

要求：先四人小组交流分享，然后推选一名同学在班级分享。

交流分享评价单

能说清疑惑	能通过查找资料解决疑惑	表达清晰明了
★★★	★★★	★★★

◆ 补充课外资料，进一步感受精神。

引导：在实现航天梦的历史长河里，还有无数为梦想而献身的航天英雄，有的献出了青春，有的贡献了才华，还有的奉献了生命。（播放视频）

> 视频内容：
> 酒泉市东风革命烈士陵园里，整齐地排列着760多块墓碑。这些烈士有抛弃了优越的城市生活、千里赴大漠的科学家和大学毕业生，有同样为航天事业奉献了宝贵生命的职工和家属，还有至今没留下姓名的先驱和开拓者。他们有着一个共同的名字——"献了青春献终身，献了终身献子孙"的航天人。向你们致敬，你们的生命之光化作了宇宙永恒的星光。

◆ 阅读推荐：杨利伟自传《天地九重》。

2. 航天之梦我畅想。

（1）回顾在这个单元中用到的梳理内容的方法，选取合适的方法，按照时间顺序梳理课文内容。

（2）完善思维导图。

◆ 小组交流思维导图。

◆ 教师随机出示学生的思维导图。

◆ 学生补充完善自己的思维导图。

（3）借助导图，选择讲解方式：

简要讲解（将主要内容简明扼要地讲出来）；

详细讲解（借助课文内容详细讲解）；

创造性讲解（改变叙述人称）。

评价内容	评价结果
能按照时间顺序展示中国航天事业发展的历程。	★★★★★
能发表自己的看法。	★★★★★
语言流畅，情感真挚，洋溢民族自豪感。	★★★★★

活动三：新闻直播间大 PK

1. 备战新闻大 PK。

（1）课前准备。

要求：

通过报纸、网络等广泛了解近期的科技新闻。

保存你最感兴趣的 2～3 则新闻，可复制网上的信息，也可图文打印。

（2）创设情境：我们所处的时代是一个信息高速发展的时代。电视、广播、报纸等每天都以最快的速度向我们报道社会上发生的要事、奇闻，使得我们足不出户就可以知晓天下事。新闻是我们与社会连接的桥梁。作为地球村的村民，我们不仅要关心新闻，更要说好新闻。欢迎来到"新闻直播间大PK"。

（3）认识新闻。

◆ 明确新闻的来源途径。

学生交流课前搜集到的新闻的来源,明确新闻可来自报纸、电视、广播、网络等。

　　◆ 明确新闻的类型。

　　阅读教材中的五则新闻并进行分类。

　　◆ 明确新闻的概念。

　　阅读一句话新闻,知道新闻是关于最近所发生的新鲜而重要的事实的报道,知道新闻的特点:真实准确、短小精悍、迅速及时。

　　◆ 范例引路,明确播报要求。

　　学生播报新闻,明确要求:准确传达信息;清楚、连贯地讲述。

　　2.赛前大热身。

　　(1)记录关键信息。

　　◆ 播放科技新闻视频,同时呈现新闻的文字稿。

　　◆ 借助手卡,练习提取关键信息:时间、地点、人物、事件。

　　◆ 示范指导:将关键信息以关键词的方式简单记录在手卡上。

　　(2)信息速记,加入观点看法。

　　◆ 播放科技新闻视频,学生一边听,一边在手卡上快速记录关键词。

　　◆ 练习难度提升,不出示新闻的文字稿,直接根据视频自行记录,考验学生的听力和速记能力。

　　◆ 讨论:对于这条新闻,谁有不同的看法?

　　3.角逐"金话筒奖"。

　　(1)赛前准备:提取关键词,制作手卡,自行练习。

　　(2)展示评价:

　　出示评价表,组内评选最佳主播,推荐参与班级"金话筒奖"的角逐。

"金话筒"比赛评分表(每项最高5星)						
姓名	准确传达信息	说明新闻来源	讲述清楚连贯	说出观点感受	仪态自然大方	得星总数
最佳主播						

（3）班级展示，评选"金话筒奖"和"最佳新闻评论员"。

子任务四：走进未来科技畅想馆

活动一：绘科技未来

1. 科技创想我来画。

（1）例子引路：看"会飞的木屋""水上行走鞋"和"会变大变小的书包"三个例子的介绍，引导发现创意。（样子发生变化，功能增多）

（2）播放创意发明的视频，启发想象。

（3）汇报交流：你们有什么创意发明的金点子？想要解决生活中的什么困难呢？

（4）设计思路，填写申请表：同学们都有天马行空的想象。明确了要解决的困难，就可以带着创意来参赛啦。首先，要理清设计思路，填好参赛申请书。

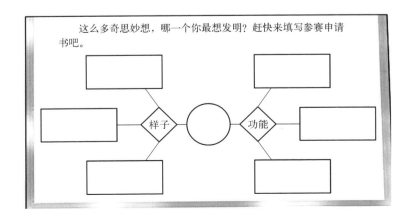

◆ 出示"会飞的木屋"的示意图,思考:你读懂了吗?

◆ 发挥想象,自主填写参赛申请书。

◆ 反馈交流。

2. 智慧未来我创写。

(1) 出示例文,传授习作小妙招。

小妙招 1:有创意、实用。

小妙招 2:巧用举例子、作比较、列数字。

小妙招 3:巧用科学术语。

提示:以"会飞的木屋"一文为例,让学生明白运用举例子、列数据、打比方的说明方法,能把创意发明介绍得更生动。以"高空消防车"的片段为例,让学生明白可以用"指出现实问题—解说发明的具体操作—使用发明的结果"的思路去写作,并且适当加入科学术语,增加文章可信度。

(2) 学生自主习作。

3. 我的科技发明秀。

(1) 展示学生的习作,共同点评。

提示:按三个小妙招进行点评,每运用一个小妙招可获得一颗星。

(2) 自主修改习作。

提示:对习作困难、基础薄弱的孩子,可以适当降低要求,比如能做到语言流畅、表达清晰、尝试用上说明方法就可以。对习作能力强的孩子,可以提高要求,帮助一起修改,让文章逻辑性更强,并且更贴合说明文的语言风格。

活动二:开展"我的科技产品发布会"

课前准备活动:把学生的发明进行分类,如生活物品类、电子科技类等,让设想同一类发明的学生组成一个小组。

1. 我来秀。

(1) 以设计图或者创意发明样品为辅助,小组之间分享习作,介绍发明。

(2) 组员围绕三个小妙招对介绍者进行评价,提出修改建议。

(3) 介绍者根据组员的意见,现场修改习作。

2. 我来评。

(1) 布置小组观展区,推选一位解说员。

选出最优秀的几篇文章,放在小组第一观展区,其他文章放在小组第二观展区。解说员对本小组的发明以及文章中使用的小妙招进行介绍。

(2)全班学生手持五角星在教室流动参观,从三个小妙招的角度对作品进行评价。

第11讲　阅读加速度

——统编教材五年级上册第二单元"实用性阅读与交流"
学习任务群设计

➡ 一、主题与内容

（一）任务群的归属

本单元是"提高阅读速度"的阅读策略单元，四篇选文分别是散文《搭石》、历史故事《将相和》、说明文《什么比猎豹的速度更快》、革命故事《冀中的地道战》，文体各不相同，但其教学目的是一致的，就是快速查找、获取相关信息，促进并加深理解。

《义务教育语文课程标准（2022年版）》第三学段"学段要求"中"阅读与鉴赏"的第1条内容是"默读有一定的速度，默读一般读物每分钟不少于300字。学习浏览，扩大知识面，根据需要搜集信息"。提高阅读速度是小学生必备的能力，是信息时代的要求。因此，根据本单元学习内容和目标定位，以"实用性阅读与交流"学习任务群组织教学活动。

（二）主题的确定

本单元篇章页的导语是"阅读要有一定的速度"，四篇课文对应四种提高阅读速度的策略，各有侧重：《搭石》侧重"集中注意力，不回读"，《将相和》侧重"连词成句地读"，《什么比猎豹的速度更快》侧重"借助关键词句读"，《冀中的地道战》侧重"带着问题读"，阅读要求一次比一次高。四篇课文的导语和课后习题也高度一致——"明确任务，学习方法"，《语文园地》则引导"梳理方法"，充分展现了"提高阅读速度"不断进阶的态势。

基于以上分析，将本单元的学习主题提炼为"阅读加速度"，把本单元的学习内容和方法有机地融合，统领整个单元的设计，不断提高学生的速读能力。

（三）内容的组织

本单元的阅读要素是"学习提高阅读速度的方法",四篇课文体裁不同,但体现了相同的教学重点:"提高阅读速度"这个阅读策略可以运用在各种体裁的文章阅读中。本单元的教学目的是引导学生选择适切的阅读方法,提高自己的阅读速度。

这里需要说明的是:习作要素是"结合具体事例写出人物的特点",对应的习作"'漫画'老师"属于文学创意表达,无法纳入"实用性阅读与交流"学习任务群,建议单独教学。

→ **二、目标与评价**

单元学习目标	单元学习评价
1. 认识"谴、惰"等 36 个生字,读准"间、强"等 6 个多音字,会写"汛、访"等 43 个生字,掌握"汛期、无价之宝"等 56 个词语。 2. 积累珍惜时间的名言警句,懂得惜时的道理。	1. 掌握本单元的生字新词,能在不同的语言环境中准确快速地认读,并能通过练习测评。 2. 能在具体的语境中恰当运用惜时名句。
1. 学习"之"字法和遮盖法,能集中注意力,不回读,提高阅读速度;学习视觉扩展法,连词成句地读,提高阅读速度;完成"阅读经验树"。 2. 学习借助关键词句,提高阅读速度。 3. 带着问题快速阅读,梳理课文,完成"阅读经验树"。	1. 能通过两次测试的对比,形成自己的经验,并记录在"阅读经验树"上。 2. 在具体的阅读实践中学会提取关键词句的方法。 3. 能提出有价值的问题,并带着问题阅读课文,提高阅读速度。
1. 借助朗读,抓住关键词句想象画面,体会搭石之美,感受乡亲们的美好情感。 2. 通过抓住蔺相如和廉颇的言行,感受人物形象。 3. 理解地道战取得成功的关键在于中国人民的智慧和顽强的斗志。	1. 借助关键词句快速阅读,能说出课文中印象最深刻的画面,并谈谈自己的感受。 2. 通过抓住具体事件中人物的言行读懂课文,感受人物形象。 3. 用留言本的方式梳理出地道设计的巧妙,感受中国人民的智慧和顽强的斗志。
1. 梳理总结及交流本单元学到的提高阅读速度的方法。 2. 绘制属于自己的"阅读经验树"。	1. 梳理自己快速阅读过程中的经验和困惑。 2. 通过测试提炼经验,绘制"阅读经验树"。

（一）学习情境

基于"阅读加速度"这一单元主题,可以创设一个真实的学习情境:"信息时代,阅读有一定的速度,才能获取更多、更广泛、更有用的信息,更好地拓宽自己的视野。'阅读加速度',不仅要拼阅读速度,还要比较内容吸收得多少。本单元我们就是要学习提高阅读速度的方法,让阅读速度越来越快,使阅读能力不断进阶。"本学习情境让学生充满挑战的欲望,以打卡进阶的方式提高阅读速度,通过两次测试的对比,交流自己提高阅读速度的方法,记录在自己的"阅读经验树"上,既符合学生的学习心理,又清楚呈现了阅读能力进阶的过程。

（二）任务框架

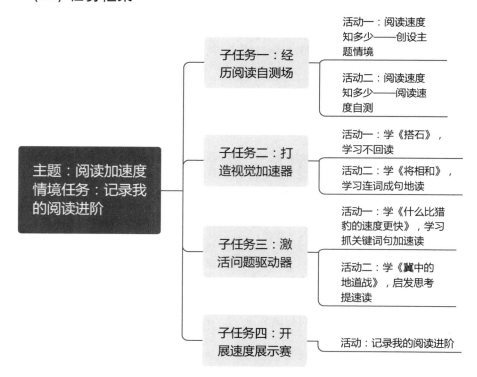

在"记录我的阅读进阶"的情境任务下,设置了进阶型的任务链。任务一安排了阅读自测场,任务二和任务三是学习阅读加速的方法。本单元四个提高阅读速度的方法,第一个"集中注意力,不回读"和第二个"连词成句地读"是从视觉方面而言的,不回读是提高眼睛的移动速度,连词成句是扩大视域,所以可以将这两个内容合为一个任务"打造视觉加速器"。第三个"学习抓关键词句读"和第四个"带着问题读"是从内容的理解方面提高阅读速度,所以将这两个内容合为一个任务"激活问题驱动器"。任务四是完成了方法的学习之后,进行一次比赛,积累经验,形成速读的习惯。

(三)课时规划

课时安排	学习内容
第1、第2课时	明确任务群的情境任务,做好阅读速度的第一次测试。 学习《搭石》,习得"集中注意力,不回读,提高阅读速度"的方法,发现美,欣赏美,感受乡亲们的美好情感。
第3、第4课时	学习《将相和》,习得"连词成句地读,提高阅读速度"的方法,体会蔺相如的机智勇敢和廉颇的知错就改。
第5、第6课时	学习《什么比猎豹的速度更快》,习得"借助关键词句,提高阅读速度"的方法,捕捉关键信息。
第7、第8课时	学习《冀中的地道战》,习得"带着问题,提高阅读速度"的方法,感受我国人民在艰苦的抗日战争中表现出来的顽强斗志和无穷智慧。
第9课时	学习《语文园地》,做阅读速度的第二次测试;交流提高阅读速度的方法,完成"阅读经验树"。

▶ 四、活动与过程

子任务一:经历阅读自测场

活动一:阅读速度知多少——创设主题情境

聊阅读速度,明主题情境。

(1)读单元篇章页,捕捉到了什么信息?

(2)听温儒敏教授谈阅读速度(观看视频),了解了什么信息?(提高阅读速

度的重要性)

（3）看快速阅读者的故事(观看视频)，又收获了哪些信息？（通过一定的方法，阅读速度是可以训练出来的）

（4）揭示单元主题：阅读加速度。

活动二：阅读速度知多少——阅读速度自测

1. 明阅读要求。

读《搭石》篇首导语，明确阅读要求。

2. 测阅读速度。

按阅读要求，做阅读测试：集中注意力，遇到不懂的词语不要停下来，不要回读。读完，记下自己所用的时间。

子任务二：打造视觉加速器

活动一：学《搭石》，学习不回读

1. 交流阅读体会。

（1）读课后题1，交流阅读方式以及自己的阅读体会。

（2）交流阅读感受：用了多少时间？是怎么阅读的？

预设：集中注意力就是只专注于阅读这篇课文，不去想其他事情；不回读就是遇到不理解的地方，跳过去继续读，或许读下去问题就能解决了。（板书：集中注意力　不回读）

2. 打造视觉加速器。

（1）学习"之"字法。

◆ 如何做到不回读？可以给自己的目光设置个路线，如图所示：

搭石，构成了家乡的一道风景。秋凉以后，人们早早地将搭石摆放好。

如果别处都有搭石，唯独这一处没有，人们会责备这里的人懒惰。上

了点儿年岁的人，无论怎样急着赶路，只要发现哪块搭石不平稳，一定

会放下带的东西，找来合适的石头搭上，再在上边踏上几个来回，直到

满意了才肯离去。

◆ 启发：这样的路线像什么字？（"之"字）目光按"之"字路线，就不会回读了。（板书："之"字法）还有什么方法，可以让目光不回头？

（2）学习遮盖法。

用一张小卡片，把已经读过的内容进行遮挡，这就是遮盖法。（板书：遮盖法）

3. 再读课文悟主题。

（1）交流第 1 自然段。

① 读第 1 自然段，看看下面哪个画的是搭石。（板书：介绍搭石）

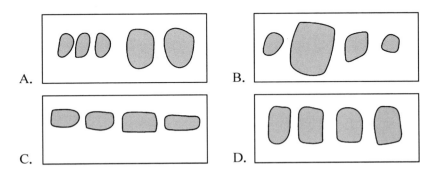

② 追问：人们为什么要摆搭石？

小结：搭石，为了方便人们过河。乡亲们这是为他人着想。

（2）交流第 2 自然段。

① 思考：第 2 自然段可以怎么概括？（摆搭石）

② 品读词句，谈感受，聊原因：抓"无论、只要、一定、再、直到"等词体会乡亲们为他人着想的美好品质。

③ 小组展示交流。

以"我们小组读了第……自然段，看得见的画面是……看不见的情感是……"这样的句式来分享小组讨论的结果。

	看得见的画面	看不见的情感
搭石美	摆搭石	为他人着想

（3）交流第 3 自然段。

① 追问原因：为什么要"紧走搭石慢过桥"？

② 将"走搭石"的画面变成诗，读一读并谈感受：

每当上工、下工，

一行人走搭石的时候，

动作是那么协调有序！

前面的抬起脚来，

后面的紧跟上去。

嗒嗒的声音，

像轻快的音乐；

清波漾漾，

人影绰绰，

给人画一般的美感。

（板书：走搭石　谦让、默契）

（4）交流第 4 自然段。

概括画面，抓住"让、俯下身子"谈感受，体会礼让与敬老。

（板书：让搭石　礼让、敬老）

小结：一排排搭石，构成了家乡的一道风景，也象征着村民一颗颗善良的心。它是联结村民们的情感纽带，也体现了乡亲们美好的情感。

活动二：学《将相和》，学习连词成句地读

1. 玩"一闪而过"。

第一关：大屏幕闪过"理所当然、高速公路、不计其数"三个词，说说看到了几个词。

第二关：大屏幕闪过"求知若渴、加速阅读、获得超越"，说说看到了哪几个词，能不能用这几个词连起来说一句话。

第三关：大屏幕闪过"无论路途多么遥远，加速阅读，就能离远方更近一点！"，说说捕捉到了哪些词语。

第四关：大屏幕显示"秦国的国君历来不守信用，我怕有负赵王所托，已经让人把和氏璧送回赵国了。如果您有诚意，先把十五座城交给我国，我国马上派人把璧送来。我们怎么敢为了一块璧而得罪强大的秦国呢?",持续 5 秒,说说一眼看到了什么。

2. 测试阅读速度。

读《将相和》的课文导语,明确测试要求:尽量连词成句地读,读完了记下自己所用的时间。

3. 聊如何连词成句。

(1)请阅读速度快的同学来聊聊如何做到连词成句地读。

除了不回读,想要进阶,进一步提高阅读速度,还要连词成句地读。

(2)连词成句的图示:

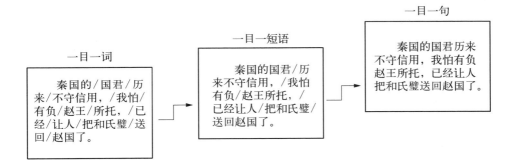

一目一词
秦国的/国君/历来/不守信用,/我怕/有负/赵王/所托,/已经/让人/把和氏璧/送回/赵国了。

一目一短语
秦国的国君/历来不守信用,/我怕有负/赵王所托,/已经让人/把和氏璧/送回赵国了。

一目一句
秦国的国君历来不守信用,我怕有负赵王所托,已经让人把和氏璧送回赵国了。

4. 用方法读课文。

(1)交流阅读感受,明确提高阅读速度的方法。

预设:遇到不理解的字词(如"渑池、缶"等词,大概能猜出是地名、乐器名),不停顿,继续读。

预设:一眼看一句话,如"我愿意带着和氏璧到秦国去",一眼扫视一整句,而不是一个个词语。

......

(2)梳理三个故事之间的关系:"渑池会面"是"完璧归赵"的发展,"完璧归赵"和"渑池会面"是"负荆请罪"的原因。课文讲了他们从"不和"到"和"的过程。

5. 品蔺相如印象。

(1)廉颇说蔺相如就靠一张嘴,你怎么看?读一读"完璧归赵"这个故事,说说你的想法。

（2）读课文第1～9自然段，圈画蔺相如的言行，想想他是个怎样的人，在文中作好批注。全班交流，聚焦语段。

◆ 聚焦第6自然段：读蔺相如的话，你有什么发现？蔺相如是个怎样的人？（有勇有谋、自信）

◆ 读出对话的语气，表演第7自然段。先组内演，再全班展演，然后讨论：从这里，又读到了一个怎样的蔺相如？（沉着冷静、足智多谋、不畏强暴、热爱祖国）

◆ 同桌合作学第8自然段，解读蔺相如对秦王说的话，谈谈理解。

（3）小结方法：抓住蔺相如的言行，体会他的形象——他是一个机智勇敢、不畏强暴的人。

6. 抓言行感受人物形象。

（1）思考：读"渑池会面"部分，你从哪里感受到蔺相如还是一个怎样的人？

（2）抓重点言行，交流预设：

◆ 抓住"向前走""再次上前""厉声呵斥"等行为，体会蔺相如的勇敢无畏。

◆ 抓住语言"您现在离我只有五步远。如果您不答应，我就跟您同归于尽"，体会蔺相如的机智勇敢。

7. 对比体会人物形象。

（1）读"负荆请罪"部分，圈画廉颇和蔺相如的语言，小组合作谈发现。

（2）交流预设：

◆ 从语言中对比蔺相如和廉颇的个性：

语气不同：廉颇是"我廉颇，他蔺相如"，而蔺相如是"廉将军"。

人称不同：廉颇是"我……我……我……"，而蔺相如是"我们……我们……我们……"。

站位不同：廉颇是站在自己的角度，而蔺相如是站在国家的角度。

小结：面对和秦国的矛盾，蔺相如不畏强暴，誓死保卫国家的尊严；面对和廉颇的矛盾，他却退避三舍，因为他心中装着国家，以国家利益为重。而廉颇呢，不服气，居功自傲。

◆ 认识多面廉颇：

思考：面对蔺相如的这番话，廉颇又是怎么做的？（脱下战袍意味着放下了自己的荣誉、名利和地位；负荆请罪又意味着被蔺相如以国为重的品质所感动，也说明廉颇是一个深明大义的人，是一位精忠报国的好将军）

子任务三：激活问题驱动器

活动一：学《什么比猎豹的速度更快》，学习抓关键词句加速读

1. 练"词句段运用"。

（1）比较两句话，谈异同：

我廉颇立下了那么多战功，他蔺相如就靠一张嘴，反而爬到我头上去了。

廉颇对蔺相如不服气。

第一句是课文中的语言描写，第二句用简洁的语言概括了廉颇的想法。

（2）完成对后两个句子的概括。

预设：光的速度比流星体更快。

地道各式各样，相互连通。

（3）交流：如何概括？

预设：

① 集中注意力，一边读一边思考。

② 抓住关键词语概括。

③ 将具体的描述提炼出主要意思。

小结：抓住关键词语概括句段的主要意思，不仅能提高阅读速度，还能提高阅读能力。

2. 运用方法阅读《什么比猎豹的速度更快》。

（1）读课文导语，明确阅读要求。

（2）完成课后第2题，并相互交流。

请排序正确的学生分享自己的阅读体会，以"我用了＿＿＿＿分钟读完了课文，课文主要讲了＿＿＿＿，我是借助关键词句'＿＿＿＿＿＿＿＿＿＿＿'完成练习的"这样的句式来分享。

提示：

① 每一个自然段都介绍一种事物,那么这种事物的名称就是关键词。

② 大部分自然段的第一句就已经告诉我们这种事物了,所以读第一句的时候基本上就已经知道接下来要讲什么了。

3. 发现结构,学找关键词句。

(1)怎么才能找到关键词句呢?以第 2 自然段为例,交流怎么找到关键词句。

预设:第 2 自然段第一句话写人的最大速度是 44 千米每小时,第二句话写鸵鸟奔跑的最大速度是 72 千米每小时,以此概括起来,这段话的关键句就是鸵鸟比人的速度快,关键词就是"人 44 千米每小时""鸵鸟 72 千米每小时"。

(2)尝试寻找其他段落的关键句及关键词。

◆ 预设:第 3 自然段关键句——比鸵鸟跑得更快的动物就要数猎豹了;第 4 自然段——这个速度是汽车在高速公路上飞速行驶时速度的两到三倍;第 5 自然段——游隼还是没有飞机飞行的速度快;第 6 自然段——火箭的最大速度能达到 4 万千米每小时,是声速的 30 多倍;第 7 自然段——跟它的速度一比,火箭就好像是静止的一样;第 8 自然段——光的速度是惊人的,大约是 30 万千米每秒,比流星体的速度要快几千倍!

列举整篇课文的关键词:

人	44 千米每小时
鸵鸟	72 千米每小时
猎豹	110 千米每小时
游隼	320 千米每小时
飞机	1050 千米每小时的数倍
火箭	4 万千米每小时
流星体	25 万千米每小时
光	30 万千米每秒

(3)通过梳理发现文章结构特点。

◆ 畅聊发现:通过梳理,有什么发现?

预设:运用准确的数据,借助比较的说明方法,每个自然段基本上讲的都是一种事物要比另一种事物的速度快……

◆ 联结课后题,进一步了解抓关键词句提高阅读速度。

这篇课文每个自然段的结构都很相似,课后题的学习伙伴告诉我们:"我发现每个自然段基本上讲的都是一种事物要比另一种事物的速度快。了解了课文表达上的特点,我读得更快了。"

◆ 小结:学会了借助关键词句阅读课文,不仅阅读速度提升了,课文理解起来也更容易。

4. 提出问题,再读课文。

(1)提出自己感兴趣或不懂的问题。

(2)根据提出的问题,再读课文。组内交流,试着解决问题。

(3)交流预设:

◆ 为什么进入太空之后,即使关掉发动机,火箭仍可以继续前进?

(针对这个问题,我专门读了第6自然段,应该是进入太空之后,火箭摆脱了地心引力)

◆ 课文写了那么多事物比速度,为什么题目是"什么比猎豹的速度更快"?

(题目设问,激发读者的阅读兴趣)

◆ 课文是怎么把各种事物的速度写清楚的?

(通过列数字、作比较等说明方法)

◆ 还有没有比光速更快的事物?

(这个问题,课文中没有给出明确答案,需要去读更多的书寻找答案)

活动二:学《冀中的地道战》,启发思考提速读

1. 明确要求,提出问题。

(1)读课文导语,知晓新的提高阅读速度的方法:带着问题快速默读。

(2)揭题质疑:读了课题,产生了什么疑问?思考30秒,想好问题,记录在学习单上。

预设问题:"冀中"是哪里?地道战就是在地道里打仗吗?在地道里如何打仗呢?地道是什么样子的?为什么要在地道里打仗?

2. 带着问题,默读课文。完成阅读,记录时间。

3. 交流体会,梳理问题。

(1) 交流话题:通过阅读,解决了什么问题?

预设 1:我从第 1、第 2 自然段知道了地道战是为了粉碎敌人"扫荡"所创造的新的斗争方式。

预设 2:带着"地道战是什么样子的"去读课文,我就会有意识地去找答案,阅读速度就更快了。

预设 3:借助关键词句,我就能猜出这段话写了什么。如,读到"说起地道战,简直是个奇迹",我就猜这段话应该是写为什么说地道战是个奇迹。

……

小结:带着问题阅读能帮我们迅速搜寻重要信息,加快阅读速度。

(2) 梳理新问题:在阅读中,又产生了哪些新疑问?借助表格在小组里进行梳理。

问题指向	具体问题	是否已解决
与内容有关		
与主旨有关		
与写法有关		

(3) 引导筛选出有价值的问题:

课文围绕"地道战"写了什么?

地道战取得成功的关键是什么?

为什么说地道战这个斗争方式在我国抗日战争史上留下了惊人的奇迹?

4. 合作研讨,学习课文。

(1) 课文围绕"地道战"写了什么?

第 1~2 自然段:写了进行地道战的原因;

第 3~7 自然段:写了地道的巧妙构造;

第 8 自然段:总结全文,说明地道战的威力。

(2) 地道战取得成功的关键是什么?

◆ 地道设计巧妙。

小组合作，完成以下表格：

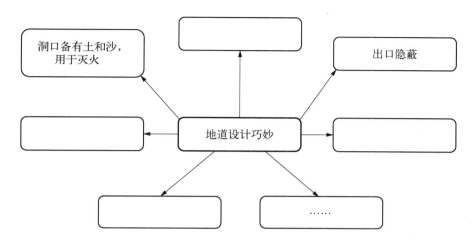

（家家相连、村村互通，"子口"装有吊板，有迷惑洞，地道跟枯井暗沟连接，有"有线电"……）

◆ 冀中人民的智慧和斗志。

地道设计的巧妙说明了冀中人民的智慧：他们不但坚持了生产，还有力打击了敌人。面对敌人的毒辣，丝毫没有畏惧。

（3）为什么说地道战这个斗争方式在我国抗日战争史上留下了惊人的奇迹？

读第 8 自然段，解决问题。

小结：我们感受了地道战这个奇迹，也感受到了人民顽强的斗志和无穷的智慧。同时，也学习了带着问题去阅读，阅读的过程中有的问题解决了，又会产生一些新的问题。就这样，一边读一边思考，我们就能成为一个高质量的阅读者。

子任务四：开展速度展示赛

活动：记录我的阅读进阶

1. 理一理：学习成果我来理。

（1）理阅读方法：通过这个单元的学习，学会了哪些提高阅读速度的方法？

预设：

《搭石》，我们学会了用"之"字法、遮盖法，集中注意力，不回读，提高阅读速度。

《将相和》，我们学会了扩大视域，连词成句地读，提高阅读速度。

《什么比猎豹的速度更快》，我们学会了借助关键词句，提高阅读速度。

《冀中的地道战》，我们学会了带着问题阅读，这样不仅可以提高阅读速度，更加深了我们对课文的理解。

（2）谈阅读体会：在这个单元的学习中，还有些什么收获？

预设 1：通过这个单元的学习，我知道了提高阅读速度，不是只提高速度，更重要的是要理解课文。

预设 2：借助"交流平台"说自己的阅读体会。

（3）挑战阅读记忆，学"日积月累"。

◆ 记忆大挑战，读得快，记得牢。

◆ 再读这些惜时名句，提出不懂的问题，生生、师生交流。

（4）链接《语文园地》中的"词句段运用"：读一读，照样子把成语的意思用具体的情景表现出来。

借助关键词句理解一段话的意思，能快速获取信息，是从具体到概括。这也是很好的阅读方法，能提高阅读速度。但是，从表达上来说，习作要求表达具体，要学会从概括到具体。

◆ 读例句，明方法：通过两种不同的情况写出了"左右为难"，借连续动作写出了"奋不顾身"。

◆ 尝试写，用方法：用具体情景写出"喋喋不休""悠然自得"。

2．比一比：阅读速度我挑战。

开展阅读比赛：阅读琦君的《瓯柑》。

记录阅读时间，提取关键信息。

3．聊一聊：阅读速度共畅聊。

（1）请阅读速度最快的同学说说自己的经验。

（2）请阅读速度提高最多的同学谈谈自己的经验。

（3）请阅读速度没有太多提高的同学也聊聊碰到的困难。

小结：这个单元的第一节课目的就很明确，要了解提高阅读速度的必要性，知道提高阅读速度是有方法的，是可以练出来的，但要经过长期练习。在这个单元，我们学习了很多提高阅读速度的方法。提高阅读速度不仅有这些方法，在以后的阅读中可以按照自己的习惯练起来。不仅要读得快，还要抓得准，记得牢，成为一个积极高效的阅读者。

4. 绘一绘：绘制"阅读经验树"。

请把这个单元的学习收获绘制在"阅读经验树"上，记录自己阅读进阶的过程。

阅读经验树

第12讲　明白清楚地介绍事物

——统编教材五年级上册第五单元"实用性阅读与交流"
学习任务群设计

> **一、主题与内容**

（一）任务群的归属

本单元是独立的说明文单元，《太阳》《松鼠》两篇精读课文指向实用性阅读，单元习作"介绍一种事物"指向实用性表达，要求学生学习不同类型的说明性文章的表达方式，从不同方面介绍事物的特点，尝试写一篇说明文。

《义务教育语文课程标准（2022年版）》"实用性阅读与交流"学习任务群第三学段的第2条学习内容要求："走进大自然，走进科学世界，走进社会，阅读参观访问记、考察报告、科技说明文、科学家小传等文本；学习记笔记、列大纲、写脚本、画思维导图等整理和呈现信息的方法；学习通过口头表述和多种形式的书面表达，分享观察自然、探索科学世界的所见所闻、所思所感。"根据以上分析，本单元以"实用性阅读与交流"学习任务群组织教学活动。

（二）主题的确定

本单元编排了课文《太阳》《松鼠》、习作例文《鲸》《风向袋的制作》，从说明方法、语言风格、说明文类型上作了引导和示范，为学生提供了很多说明表达的思路。如《太阳》是平实性说明文，采用不同的说明方法介绍了太阳的特点，带给读者理性思考；《松鼠》是一篇文艺性说明文，用活泼的语言介绍松鼠的特点，表达了作家的喜爱之情，易于引发读者兴趣。在此基础上的习作"介绍一种事物"，引导学生"从几个方面，用上恰当的说明方法，写清楚事物的特点"，可谓水到渠成。

因此,将本单元学习主题提炼为"明白清楚地介绍事物",把单元学习的内容、形式、方法有机关联起来,统领整个单元教学活动的设计。

(三)内容的组织

本单元阅读要素是"阅读简单的说明性文章,了解基本的说明方法",习作要素是"搜集资料,用恰当的说明方法,把某一种事物介绍清楚"。《太阳》和《松鼠》引领学生从课文语言中了解说明方法及其好处,感受说明文不同的表达方式;"交流平台"梳理总结说明性文章的作用及特点;"初试身手"让学生在片段练习中体会说明方法的运用;"习作例文"重点引导学生恰当地使用说明方法,有条理地进行表达;"习作"板块是落实本单元从读到写、从学方法到用方法的最后一环,重点落实单元习作要素。

⇨ 二、目标与评价

单元学习目标	单元学习评价
1. 能正确认读"摄、驯、矫"等 12 个生字,会写"寸草不生、摄氏度"等 21 个词语。能联系上下文理解"抵得上"等词语。 2. 默读课文,把握课文主要内容,了解太阳距离地球远、体积大、温度高等特点,了解松鼠的外形特征与生活习性。	1. 能积累并运用本单元的字词,能通过字词练习测评。 2. 搜集整理与太阳有关的知识,绘制思维导图,用关键词梳理太阳、松鼠的特点,能清晰明了地表述课文的主要内容。
1. 了解列数字、打比方、举例子、作比较等说明方法,体会运用这些说明方法的好处。 2. 对比探究,感受说明性文章不同的语言风格,明确不同的场景需要选择不同的表达风格。	1. 用填空、选择的形式强化运用说明方法的意识,体会运用说明方法描写清楚事物特点的优势。 2. 针对不同情境选择不同的语言风格,辩证看待语言风格,形成"不同场景需要不同表达风格"的观点。

单元学习目标	单元学习评价
运用多种说明方法，能根据自己表达的需要和不同的任务要求，选择合适的语言风格，写明白一处校园儿童友好设施。	搜集校园儿童友好设施的相关资料，能用上多种说明方法，从不同的方面入手，介绍清楚学校的儿童友好设施，完成递交材料任务。能用活泼的语言完成校园儿童友好设施的现场解说任务。

➡ 三、情境与任务

（一）学习情境

基于"说明白"的要求，围绕热门话题"创建儿童友好城市"，创设真实的学习情境："为了促进少年儿童的发展，我们的街道、社区、学校开发了很多适合你们健康快乐成长的设施，这些设施处处体现'儿童友好'。这学期，我们学校也加入了儿童友好校园的创建活动。为了让评委老师更清楚明白地了解我们校园的儿童友好设施，这次评选分为两个环节，一是递交材料，二是评委现场观摩，需要同学们将校园儿童友好设施介绍清楚，讲解生动。"

据此，接下来的课文教学，就有的放矢。《太阳》重在掌握利用说明方法把事物特点说明白，指向"递交材料"这一任务；《松鼠》旨在掌握细致的观察和活泼的描写，指向"现场解说"这一任务。每一篇课文学习之后，都辅之以"介绍校园儿童友好设施"的小练笔，不断强化巩固"说明白"的要求。在单元习作课上，则让学生自主选择语言风格完成情境任务。在这样一个真实的学习情境中，以学生最熟悉的校园环境为载体，消除了说明文与学生生活之间的隔阂，学生真的在观察，在学习，在感受校园生活，指向了"实用性阅读与交流"学习任务群的课程目标。

（二）任务框架

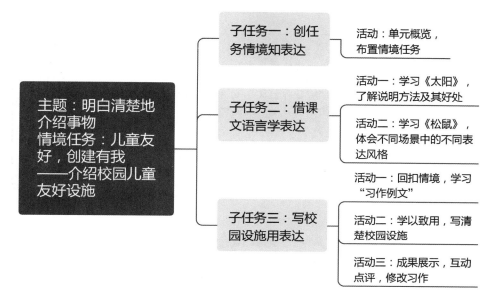

为了更好地完成三个学习任务，将情境任务作了活动分解，设计了结构化的活动链：

子任务一是单元概览，明确单元任务群的情境任务，即整体认识校园儿童友好设施，体会"儿童友好"的内涵。

子任务二指向实用性阅读，是整个单元任务群的主体部分。活动一是学习平实性说明文《太阳》，了解各种说明方法及其好处。活动二是学习文艺性说明文《松鼠》，体会说明性文章不同的语言风格。

子任务三是情境任务的综合运用，包含教学习作例文、动笔习作以及任务成果的展评。

（三）课时规划

课时安排	学习内容
第1、第2课时	单元统整概览，明确单元情境任务，学习《太阳》，了解各种说明方法及其作用，用恰当的说明方法对一处校园儿童友好设施进行片段描写。

课时安排	学习内容
第3、第4课时	学习《松鼠》，感受说明文的不同语言风格，梳理学习"交流平台"，用活泼的语言简介一处校园儿童友好设施。
第5、第6课时	回扣情境，学习"习作例文"，运用合适的说明方法，自选语言风格，完成儿童友好校园创建的"递交材料"和"现场解说"两种文字稿，交流评价。
第7课时	梳理单元内容，拓展补充，展示学生"儿童友好，创建有我"现场解说与递交材料的内容，全班参与点评、留言。

四、活动与过程

子任务一：创任务情境知表达

活动：单元概览，布置情境任务

1. 创设情境，畅言"儿童友好"。

（1）师：都说少年儿童是祖国的未来。为了帮助你们茁壮成长，街道、社区、学校开发了很多适合大家健康快乐成长的设施，体现了一个词——儿童友好。（板书：儿童友好）儿童友好就是所有行为、所有设施都为你们健康快乐地成长服务，创造一切条件帮助你们快乐成长。

（2）出示校园里体现儿童友好的设施图片（比如：种植园、乐高区、学生作品展示区、校园文化长廊、家长等候区、图书馆……），引导学生思考这些设施是怎么体现"儿童友好"的。

（3）师：如果我们学校去参加儿童友好校园示范校评比，你们愿意为学校出出力吗？这项评比需要做两件事：一是上交儿童友好设施简介材料，二是进行现场解说。这两个任务有点难，怎么完成呢？接下来咱们就一起走进第五单元，学习如何能够既清楚又活泼地介绍我们学校的儿童友好设施。

2.借篇章页,明确文体。

出示篇章页,齐读叶圣陶的话——说明文以"说明白了"为成功。怎么样才能清楚明白地介绍事物呢?

预设:要运用说明方法把事物的特点说清楚。

复习:你们知道哪些说明方法?(举例子、列数字、打比方、作比较)

子任务二:借课文语言学表达

活动一:学习《太阳》,了解说明方法及其好处

1.整体感知,理清结构。

(1)自由朗读课文,思考:课文是从哪几个方面介绍太阳的?

(2)检查字词,理解"摄氏度"。

(3)交流课文从哪些方面介绍了太阳的特点。

师生合作完成板书:

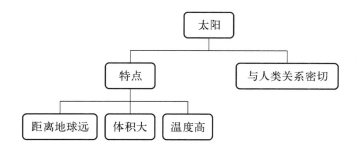

2.研读课文,探秘说明方法。

(1)默读第 1 自然段,思考发现:这一段有个显著特点,什么很多?(数字)画出列数字的句子,交流。

太阳离我们约有一亿五千万千米远。

◆ 这个数字换成阿拉伯数字有几个零?

◆ 如果把后面的千米换成米呢?(150 000 000 000)

◆ 看着这个数字,它有这么多个零,你是什么感觉?

集中出示第 1~3 自然段中运用列数字手法的句子,体会好处:

太阳离我们约有一亿五千万千米远。

约一百三十万个地球的体积才能抵得上一个太阳。

太阳的温度很高,表面温度有五千多摄氏度。

◆ 小结:列数字可以让我们科学准确地知道太阳远、大、热的特点。

到太阳上去,如果步行,日夜不停地走,差不多要走三千五百年;就是坐飞机,也要飞二十几年。

◆ 思考:前面一句话已经说清楚了距离的远,为什么又写步行和坐飞机要多少年呢?这样表达会不会太啰唆了?

引导学生明白举例子这一说明方法的好处:形象,易于理解,避免枯燥的数字讲解。

(2)学习第2~3自然段,找出运用说明方法的句子。

约一百三十万个地球的体积才能抵得上一个太阳。

◆ 引导:出示地球和太阳的图片,比较两者大小,体会太阳之大。

◆ 交流:这样对比有什么好处呢?

◆ 点拨:为什么拿地球作比较,而不拿火星、木星等其他星球呢?

◆ 明确:作比较是通过和大家熟悉的事物对比来凸显特点,从而帮助我们更好地认识事物。

3. 初试身手,我来介绍儿童友好设施。

(1)交流校园儿童友好设施——提前选择学校里一处比较有特色的地方带学生参观,比如图书馆、学生作品展示区、校园文化长廊、种植园、读书吧……

师:课前调查中,很多同学都选择了我们学校有特色的儿童友好设施——彩虹桥,那该介绍彩虹桥的什么呢?(出示彩虹桥图片)

预设:桥名、建造时间、长、宽、名字由来、桥墩、桥两侧的图案、儿童友好方面的体现(美好、梦幻、七彩童年)。

(2)点拨:哪些部分可以运用列数字的说明方法我们一看便知,但哪些地方可以用作比较、打比方、举例子等说明方法呢?

(3)学生交流。

预设:

打比方:桥面上涂着七彩的颜色,远远看去,就像是一条美丽的彩虹横跨在水面上。

举例子：桥面很宽，两辆汽车在上面并驾齐驱，一点问题都没有。

（4）出示"彩虹桥学习单"，自主练写。

彩虹桥学习单

班级_____　　姓名_____

彩虹桥信息

桥名：达人桥，彩虹桥
桥的位置：正对学校大门口
建桥时间：2019 年
桥长：42 米
桥宽：20.5 米
桥两侧：石栏上刻着精美的图案
桥洞：5 个
桥墩：6 座
桥名的由来：七彩颜色，形似彩虹
儿童友好的体现：美好、梦幻、七彩童年

评价要点

在用上的说明方法前打
"√"

☐：列数字

☐：举例子

☐：打比方

☐：作比较

（5）讲评：用了哪些说明方法？是否体现了儿童友好？

（6）小结：用上这些说明方法，可以帮助我们把校园儿童友好设施介绍得更清楚明白。

活动二：学习《松鼠》，体会不同场景中的不同表达风格

1. 认读字词，整体感知。

（1）检查预习。

◆ 认读词语：

面容清秀　身体矫健　四肢轻快　玲珑面孔　帽缨形尾巴

窝里歇凉　蛰伏不动　编扎苔藓　端正狭窄　勉强进出

◆ 引导发现这两行词语分别写的是松鼠的外形特征和生活习性。

（2）理清结构。

◆ 默读课文，找一找哪些自然段介绍了松鼠的外形特征和生活习性。

◆ 交流明确：第 1 自然段写外形特征，第 2～5 自然段写生活习性。

2. 梳理信息，了解松鼠特点。

（1）分条梳理松鼠的生活习性。

◆ 读：默读课文第 2～5 自然段。

◆ 找：圈画有关松鼠生活习性的关键信息，写在词卡上。

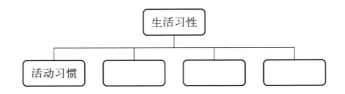

（2）交流提炼：活动习惯、行为特点、搭窝、生育和换毛，形成思维导图。

3. 对比阅读，感受语言风格。

（1）教学第 1 自然段，感受松鼠的外形特点。

◆ 找一找，布封写了松鼠哪些身体部位？（面容、眼睛、四肢、尾巴）

◆ 读描写松鼠尾巴的语句，思考交流：

松鼠的尾巴有什么特点？

"老是""一直"让你看到了一条怎样的尾巴？

课文除了写出了尾巴长的特点，还写出了尾巴的什么特点？

出示"帽缨"图片，理解"帽缨"，体会尾巴的漂亮，感受打比方的好处：形象生动地写出了尾巴长而漂亮的特点。

◆ 出示松鼠的图片，借助图片认识松鼠的外形，全班齐读第 1 自然段，通过朗读进一步感受松鼠外形的"漂亮"和"讨人喜欢"。

（2）对比阅读。

出示《中国大百科全书》中描写松鼠外形的语句：松鼠体形细长，体长 17～26 厘米，尾长 15～21 厘米，体重 300～400 克。

提问：

这句话让我们了解了哪些信息？

它采用了哪些说明方法？

跟第 1 自然段相比，你更喜欢哪一种描述？说说理由。

预设：

喜欢课文中的描述：语言生动，仿佛松鼠就在我们眼前。

喜欢《中国大百科全书》的描述：运用了列数字的说明方法，很精确地介绍了松鼠的外形特征，让人一目了然。

如全班都喜欢课文中的描述，则引导：大家都喜欢课文中的描述，那《中国大百科全书》中这样的表达就不好吗？

明确：介绍同一种事物，运用不同的语言风格会有不同的效果。

（3）出示布封的简介，提问：你发现布封能把松鼠写得如此生动的秘诀是什么？（他喜爱松鼠，喜爱动物）

布封，法国博物学家、作家，他四十年如一日地观察、研究和写作，完成了36卷著作《自然史》。在这本书中，布封带着一种特殊的情感，将动物拟人化，用形象的语言替它们画像。1777年，法国政府为布封建了一座雕像，座上用拉丁文写着：献给和大自然一样伟大的天才。

4. 探究表达，初试身手。

（1）话题讨论：《中国大百科全书》中的描写好不好呢？（言之有理即可）

（2）情境运用：《中国大百科全书》语言平实、简洁、精练，便于我们快速获取信息，布封的《自然史》语言生动、活泼、丰富，带着作者对动物深深的喜爱之情，两本书各有特色，难分伯仲。有几个同学在选择这两本书阅读时，遇到一些困惑，想请你帮帮忙。

困惑：

我想为松鼠制作一个窝，需要确定窝的大小和材质，我应该选择哪本书？

我对动物的了解不多，平时也不感兴趣，想多阅读这方面的书，提高兴趣。我应该选择哪本书？

科学老师布置我们查找松鼠的相关资料，应该选择哪一本书？

语文课上，要生动形象地介绍松鼠，我该读哪一本书？

介绍学校儿童友好设施，我领取的是提交书面材料的任务，借鉴哪一种风格比较合适？

介绍学校儿童友好设施，我领取的是现场讲解的任务，借鉴哪一种风格比较合适？

（3）初试身手。

◆ 出示校园内有特色的儿童友好设施的图片及信息，交流基本特点及功能。

◆ 出示任务：向来宾介绍此处设施。

引导：现场介绍，为了吸引大家的注意力，应该选择哪一种语言风格比较合适？

各位来宾，大家好。下面由我来向您介绍我校的"儿童友好设施"——

_____

评价表

能用上说明方法把特点介绍清楚	☺
能体现儿童友好	☺
能表达出喜爱之情	☺

5. 回顾总结，交流提升。

学习"交流平台"。

◆ 谈谈你的发现。（说明性文章的语言风格多样，有的平实，如《太阳》，有的活泼，如《松鼠》。无论哪种风格，描述都要准确、清楚、有条理。）

◆ 回顾从《太阳》《松鼠》两课中学到的说明方法。

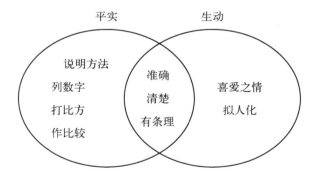

子任务三：写校园设施用表达

活动一：回扣情境，学习"习作例文"

1. 回顾情境，确定单元任务。

（1）师：在这次创建"儿童友好校园"的活动中，我们班同学以主人翁的态度，积极了解、宣传学校儿童友好设施，老师为你们的行为点赞。现在评审工作到了最关键的阶段，需要把校园拟推荐的儿童友好设施写清楚、讲明白，你们有没有信心接受这一挑战？

（2）评审要求（需要完成两个环节）：

◆ 材料递交。

◆ 现场向来宾作讲解。

（3）点拨：这两个环节分别选择哪种语言风格比较合适呢？（① 平实；② 活泼）

2. 对照习作要求，盘点表达。

出示并齐读本单元的习作要求，总结《太阳》和《松鼠》两篇课文是否做到了四点习作要求。

习作要求：写清楚事物的主要特点。

　　　　　试着用上恰当的说明方法。

　　　　　分段介绍事物的不同方面。

　　　　　语言准确、通顺、有条理。

3. 学"习作例文"，分析表达。

（1）快速浏览《鲸》和《风向袋的制作》两篇习作例文。

读：读一读两篇例文的批注。

辨：习作例文有没有达到习作要求？

（2）交流。

◆《鲸》和本单元已学的哪篇课文比较像？为什么？

预设：《太阳》，因为两篇文章都运用了很多说明方法介绍事物的特点。

◆ 聚焦《鲸》，分点验证习作要求，归纳小结并板贴：说明事物。

◆ 聚焦《风向袋的制作》，思考这篇习作例文哪里比较特别。

预设：用第一、第二等序列词把风向袋的制作步骤讲得清楚有条理。

归纳小结并板贴：说明流程。

活动二：学以致用，写清楚校园设施

1. 挑选一处校园设施，示范完成思维导图。

（1）以"乐高区"为例，讨论从哪几方面介绍，追问："乐高区"怎么体现儿童友好？（益智、想象、自由）

（2）教师示范：用关键词填写思维导图。

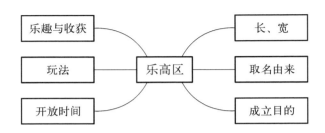

2. 小组合作，完成其他校园设施的思维导图。

3. 选择语言风格，完成单元习作。

出示学习任务：

选一选：在这次儿童友好校园创建评比中，我想挑战（① 递交材料；② 现场解说）任务。

写一写：根据挑战任务，确定合适的语言风格，借助资料把设施介绍清楚，写在作文纸上。

要求：（1）写清楚事物的主要特点。（2）试着用上恰当的说明方法。（3）可以分段介绍事物的不同方面。

活动三：成果展示，互动点评，修改习作

1. 现场解说组：挑选自己所写的一处校园儿童友好设施，当小小解说员，向同学们介绍清楚。

介绍要求：（1）准确、清楚、有条理。（2）语言活泼，吸引人。（3）体现儿童友好。

开场白：大家好，我是_____班的_____。我校的儿童友好设施有（是）_____。

2. 递交材料组：递交材料组的同学将自己的习作整齐摆放在展示台上，其他同学进行评价。

评价标准：（1）利用恰当的说明方法介绍清楚了学校设施。

（2）体现儿童友好。

（3）分段介绍设施的不同方面。

　　（4）语言清楚、明白、有条理。

　3. 根据同学投票结果，评出最佳解说员和最佳材料。

　4. 单元小结，练习习作。

　出示教材单元习作页面。在十五个题目中选择一个或者自选一种事物来写，用上恰当的说明方法，做到学以致用。

第13讲　读书促人成长，读书给人智慧

——统编教材五年级上册第八单元"实用性阅读与交流"学习任务群设计

➡ 一、主题与内容

（一）任务群的归属

本单元由课文《古人谈读书》《忆读书》《我的"长生果"》、口语交际"我最喜欢的人物形象"和习作"推荐一本书"组成。《古人谈读书》阐述的是读书的态度和方法；《忆读书》是冰心回忆读书经历，表达心中的好书标准；《我的"长生果"》是叶文玲回忆读书生活，谈论读书和写作的关系；口语交际"我最喜欢的人物形象"和习作"推荐一本书"是阅读后进行的观点表达和理由阐述。根据《义务教育语文课程标准（2022年版）》中"实用性阅读与交流"学习任务群第三学段的第2条学习内容"学习记笔记、列大纲、写脚本、画思维导图等整理和呈现信息的方法"以及第三学段"表达与交流"的要求"表达有条理，语气、语调适当。参与讨论，敢于发表自己的意见，说清自己的观点"，本单元以"实用性阅读与交流"学习任务群组织教学活动。

（二）主题的确定

本单元所有内容都指向一个核心词——读书。古今名家对读书方法、读书经历、读书与生活、读书与自我成长进行了讨论。这些都是对读书方法的整理盘点，是对学生读书的指导和对他们阅读生活的引领。根据以上分析，将本单元的学习主题提炼为"读书促人成长，读书给人智慧"。

（三）内容的组织

本单元围绕"读书明智"这一人文主题编排内容。阅读要素是"根据要求梳

理信息,把握内容要点"。《古人谈读书》需提炼孔子和朱熹的读书态度和方法,《忆读书》要梳理作者读书的经历、选书的标准,《我的"长生果"》要梳理作者读书的类型和从读书、写作中悟出的道理。习作要素是"根据表达的需要,分段表述,突出重点"。虽然口语交际分享的是书中的人物形象,习作推荐的是文学作品,但重点是分享和推荐,指向的是实用性交流。

→ **二、目标与评价**

单元学习目标	单元学习评价
1. 认识32个生字,读准5个多音字,会写18个字,会写16个词语。 2. 朗读、背诵《古人谈读书》和《观书有感》。	1. 掌握本单元的相关词语和诗文,能通过练习测评。 2. 能有感情地背诵《古人谈读书》和《观书有感》。
1. 运用快速默读的方法,按要求抓住关键词句,捕捉和梳理相关信息,把握相关内容的要点。 2. 结合自身的读书经历,理解课文中谈到的读书、选书方法和作者悟出的道理等,思考并学习怎样选书、读书。	1. 能根据要求,选择合适的示意图梳理信息,把握文章的主要内容。 2. 结合课文内容的学习,联系自身阅读实际,绘制"我的阅读成长手册",参与班级阅读论坛分享会,发表学习收获和启发,分享读书方法和选书的标准。
1. 借助表格搜集、整理信息,利用表格帮助自己有条理地说清楚喜欢的人物、出处以及理由。 2. 倾听时能够抓住重点,捕捉重要信息。 3. 能够将本单元口语交际中所学的方法灵活运用于不同的交际场合。	1. 借助表格梳理喜欢的理由,并能分条讲述,把理由说清楚。 2. 积极参与交际,仔细听同学交流,能抓住重点,并加以评价。 3. 在分享交流会上,能善于交流,善于倾听,提高交际能力。
1. 结合单元的阅读内容,思考"什么书是值得推荐的好书",鼓励多元理解。 2. 结合自己的表达需要,能借助表格、思维导图等梳理推荐信息;习作时注意分段表述,把重要的理由写清楚、写具体。 3. 积极主动地与同学互相欣赏习作,通过推荐激发同学的阅读兴趣。	1. 有较强的推荐好书的意愿,能提炼关于好书的标准。 2. 能用思维导图梳理习作思路。 3. 能根据表达需要,灵活选用方法,将重点推荐理由写具体。

（一）学习情境

基于"读书促人成长，读书给人智慧"这一单元主题，创设一个真实的学习情境："5 年的小学生活里，相信你一定读了许多文学名著，也一定掌握了许多阅读方法。我们班将开展阅读论坛分享会，与多位古今名人进行一场跨越时空的对话，学习他们的读书态度、读书方法以及他们对于读书的感悟。同时，我们还要举行一场自己的阅读分享会，分享最喜欢的书中人物，分享最喜欢的书籍，分享读书感悟、阅读方法等。"

（二）任务框架

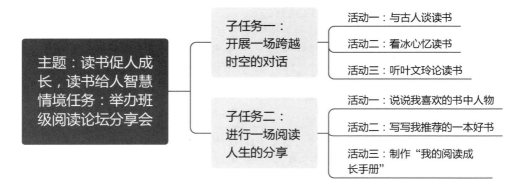

在子任务一"开展一场跨越时空的对话"中，把《古人谈读书》《忆读书》《我的"长生果"》整合到一起，梳理古人、名家的读书方法和读书态度，并联系阅读实际，畅谈启发和收获。

在子任务二"进行一场阅读人生的分享"中，"说说我喜欢的书中人物"是口语交际，要求利用表格梳理喜欢的理由，有序表达交流；在"写写我推荐的一本好书"的活动中，梳理习作思路，并根据思维导图完成好书推荐；在"制作'我的阅读成长手册'"活动中，盘点单元学习收获，整理、制作阅读成长手册。

(三)课时规划

课时安排	学习内容
第1、第2课时	单元整组概览,明确主题任务,创设大情境"一场跨越时空的对话"。学习《古人谈读书》,探寻古人读书的态度和方法。
第3、第4课时	学习《忆读书》,探究冰心的读书经历以及选书的标准。
第5课时	学习《我的"长生果"》,梳理叶文玲的读书经历及她对阅读与写作的体会。
第6课时	开展第一场论坛:说说我喜欢的书中人物。
第7、第8课时	开展第二场论坛:讲讲我推荐的一本好书。
第9课时	梳理单元收获,交流单元体会,制作"我的阅读成长手册"。

四、活动与过程

子任务一:开展一场跨越时空的对话

活动一:与古人谈读书

1. 创设情境,单元概览。

情境导入:读书促人成长,读书给人智慧。班级要开展阅读论坛分享会,邀请大家来分享五年来阅读的书籍、读书感悟、阅读方法等。

2. 谈话引入,开启学习。

(1)交流读书感受、读书方法、读书故事或读书收获。

(2)揭题:今天让我们穿越到古代,与孔子和朱熹进行一场跨越时空的对话,看看他们会和我们聊关于读书的什么话题。

3. 熟读古文,理解大意。

(1)回忆学习古文的方法:借助注释、联系上下文、结合生活经验等。

(2)初读,读准字音,相机正音。

(3)师范读,借助停顿符号,读好停顿。

（4）再读，读懂大意。

读：借助注释，默读两则文言文。

说：跟同桌说说每句话的大意。

（5）反馈交流，重点指导以下几句的理解：

◆ 敏而好学，不耻下问。

　　我非生而知之者，好古，敏以求之者也。

结合注释明确"好学"中的"好"读 hào，联系上下文理解"好古"中的"好"也读 hào，表示喜好、喜爱。

结合注释辨析两个"敏"意思的不同。

补充资料，理解"不耻下问"：

孔子生活的春秋时期，等级森严，向学识、地位低于自己的人请教是很不容易的。孔子能倡导这样一种思想，并教导学生，这种独到的见识值得我们称颂。

猜想孔子向谁请教，感受孔子的好学好问。

◆ 吾尝终日不食，终夜不寝，以思，无益，不如学也。

　　余尝谓读书有三到，谓心到、眼到、口到。

联系上下文理解"尝"的意思。

读句子，想象孔子读书的画面：废寝忘食、手不释卷、孜孜不倦……

4. 感知观点，梳理观点。

（1）理解作者的观点。

（2）梳理作者的观点。

◆ 连一连，梳理孔子的学习态度和方法。

出示四字词语，连一连：

① 知之为知之，不知为不知，是知也。	好学好问
② 敏而好学，不耻下问。	不厌不倦
③ 默而识之，学而不厌，诲人不倦。	勤勉好学
④ 我非生而知之者，好古，敏以求之者也。	学恐不足
⑤ 学如不及，犹恐失之。	学思结合
⑥ 吾尝终日不食，终夜不寝，以思，无益，不如学也。	实事求是

隐去课文内容,引导朗读:

孔子告诉我们,学习要实事求是——

孔子告诉我们,学习要不厌不倦——

……

◆ 填一填,梳理朱熹的观点。

讨论:在朱熹看来,"三到"之中最重要的是什么?他是怎么把这个观点一步步说清楚的?同桌合作,填写思维导图,梳理朱熹的观点。

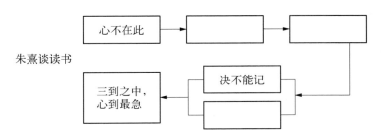

朱熹谈读书

调换表格中关键词的位置,体会朱熹观点表达的逻辑性。

用上关联词,借助思维导图,说说朱熹的观点:如果……那么……要是……就……所以……

5. 整理观点,准备做代言人。

师:这节课我们聆听了孔子和朱熹谈读书。如果要开展跨越时空的对话,他们会发表怎样的观点呢?请你做他们的代言人,整理一下信息,先说给自己听,再与同桌交流。

6. 联结自身,再论读书。

(1)联系实际,运用句式说启发:

读到……我想到了……

我很赞同……我就有这样的经历……

(2)背诵课文。

活动二:看冰心忆读书

1. 谈话导入,梳理字词。

(1)交流对作家的了解,认识冰心。

(2)检查字词预习情况:

津津有味　　一知半解　　索然无味　　心动神移　　真情实感

不能自已　　无病而呻　　栩栩如生　　烦琐

2. 初读课文,整体感知。

(1)用较快的速度默读课文,思考:冰心奶奶回忆了自己读书的哪些经历?

(2)全班交流,整体感知。

3. 用时间轴梳理读书经历。

(1)出示时间轴,师生共同完成梳理。

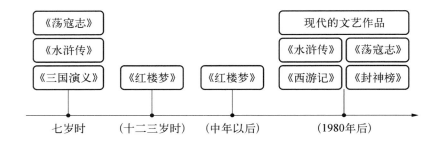

(2)看时间轴,谈发现:

◆ 发现回忆性文章的写作顺序:时间顺序。

◆ 发现作者幼时对《三国演义》的钟爱以及两次读《红楼梦》的经历。

◆ 发现作者把阅读当作生命中最快乐的事,难怪作者说:"我永远感到读书是我生命中最大的快乐!"

◆ 发现作者阅读数量大、范围广。

4. 梳理读书方法,补充时间轴。

(1)聚焦第一阶段,提炼读书方法。

师生共学第 3 自然段。学生读课文,圈画作者的读书方法。教师示范:舅父给我们讲《三国演义》,"我"听得津津有味,可以概括为——听读。

默读第 4~6 自然段,师生共同提炼读书方法:一知半解地读、隔段时间多次读、入情入境地读、比较读。

(2)聚焦第 7~12 自然段,继续提炼读书方法:带着经历读、挑选读、比较读。

（3）提炼选书的标准。

快速读第9自然段,圈画关键词句,交流提炼选书的标准:情节精彩、人物鲜明、满含情感、质朴浅显。

（4）发现作者读书方法的变化:读书方法越来越丰富,越来越成熟。

（5）链接名人读书方法。

A. 东晋陶渊明先生曾在《五柳先生传》中说:"闲静少言,不慕荣利。好读书,不求甚解;每有会意,便欣然忘食。"

B. 当代著名作家叶永烈在《好书伴我成长》中说:"那时,我最爱看小说。像《三国演义》《水浒传》,我都看了好几遍。这样的古典名著,多读几遍是很有好处的。我第一次读的时候,被书里的故事情节吸引住了,便读得很快,一口气看完,像走马观花,浮光掠影;第二次、第三次读的时候,所关心的不再是故事情节了,细细品尝,下马观花,这才真正读懂了这些书。"

比较冰心、陶渊明、叶永烈的读书方法,发现相同之处:一知半解、不求甚解、走马观花、浮光掠影。

小结:读书方法没有好不好,只有适合不适合。

5. 做代言人,参加论坛。

师:冰心的文字,犹如她跨越时空来到我们的身旁,娓娓讲述她的读书故事。请你整理好冰心的读书方法、读书感悟,准备做她的代言人。先说给自己听,再与同桌交流。

6. 联结自身,畅谈读书方法。

（1）对照自身的读书方法,交流分享:你喜欢作者的哪些读书方法? 什么时候你用过这些读书方法? 与大家分享。

（2）话题讨论:你是否赞同一知半解地读? 4人小组讨论,说说理由。

活动三:听叶文玲论读书

1. 谈话激趣,引出课题。

（1）交流关于读书的名言。

（2）板书课题,齐读课题。

2. 初读课文,梳理文意和词句。

（1）自由读课文,留意课文生动的词语和表达,思考:作家为什么把书比作

"长生果"？作家谈了关于读书的什么话题？

（2）交流反馈。

◆ 辨析课题：从文意推断，书是"长生果"这个比喻的说法，借用的是（　　）。

A. 即花生。豆科植物落花生的种子，花生营养丰富，滋养补益，有助于延年益寿，所以民间又称"长生果"。

B. 指传说中吃了可以长生不老的果子。如《西游记》中的人参果，太上老君炉里的仙丹。

形成认识：A 和 B 都没错，书就像花生一样很有营养，书是人类的精神食粮。

◆ 整体感知：在本文中，作家叶文玲与读者谈了读书的＿＿＿＿＿＿＿＿。

小结：作家叶文玲跟我们谈了读书的经历，还谈了阅读的感悟、读书和写作的关系以及写作的道理。

◆ 关注遣词造句：

津津有味	千篇一律	如醉如痴	如饥似渴	别出心裁	囫囵吞枣
浮想联翩	呕心沥血	不求甚解	牵肠挂肚	与众不同	借鉴模仿

恰似一幅流光溢彩的画页，也似一阕跳跃着欢快音符的乐章。
把秋天比作一个穿着金色衣裙的仙女……她用宽大的衣衫挡着风寒，却捧起沉甸甸的果实奉献人间。

读一读，找出分别描写阅读和写作方面的词句。

3. 梳理作者读书的经历。

（1）默读，提取信息。

用较快的速度默读课文，思考：作者读过哪些类型的书？从童年的读书、写作中悟出了哪些道理？

（2）借时间轴，梳理信息。

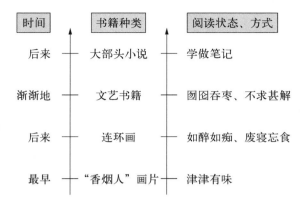

时间	书籍种类	阅读状态、方式
后来	大部头小说	学做笔记
渐渐地	文艺书籍	囫囵吞枣、不求甚解
后来	连环画	如醉如痴、废寝忘食
最早	"香烟人"画片	津津有味

（3）基于时间轴，横向或纵向看，谈发现。

预设：阅读伴随着成长；阅读书目、种类越来越多；感受越来越深，收获越来越多；从关注内容到关注语言表达；从普通的阅读到有目的的阅读……

（4）话题讨论：

◆ 这四个阶段中，你觉得哪个阶段是重大转折点、重要飞跃？

◆ "囫囵吞枣""不求甚解"貌似不怎么样，你觉得呢？

◆ 你属于哪个阶段？你跟作者有哪些相同的经历？

4. 梳理阅读与写作的关系。

（1）学生读课文，圈画、摘录作者描写阅读对写作发挥作用的语句。

（2）通过思维导图进行梳理，探究阅读与写作的关系。

5. 做代言人谈观点，联系自身聊收获。

（1）借助梳理的图表，做叶文玲的代言人，在阅读论坛上谈谈阅读与写作的关系，或联系自己读书、写作的经历，谈谈收获。

可以用上以下关联词：

因为……所以……、如果没有……就没有……、

不仅……而且……、只有……才……、只要……就……

预设：阅读是树干，源源不断地为写作输送养分。

    如果没有阅读的大量吸收，就没有写作时的自在释放。

    ……

（2）感悟写作的道理。

◆ 作文,首先构思要别出心裁,落笔也要有点儿与众不同的"鲜味"才好。

◆ 作文,要写真情实感;作文练习,开始离不开借鉴和模仿,但是真正打动人心的东西,应该是自己呕心沥血的创造。

小结:从阅读到写作,叶文玲就是这么一步步成长起来的,最终成了一位大作家。

6. 开展跨越时空的对话。

情境创设:同学们,这个单元学到这里,我们聆听了孔子、朱熹谈读书,跟随冰心奶奶忆读书,品尝叶文玲笔下的"长生果"。这一位位名家大咖仿佛就浮现在我们的眼前,把他们的感悟跟我们娓娓道来。现在请你做他们的代言人,化身其中的一位人物,介绍他们的读书态度、读书经历或读书感悟。

示例:我是 2 000 多年前春秋时期的孔子,我想来跟大家聊聊读书态度和读书方法。读书首先要实事求是,知之为知之,不知为不知;其次要谦虚好学,做到敏而好学,不耻下问;我还想说的是,读书学习要注重方法,边学边思。

子任务二:进行一场阅读人生的分享

活动一:说说我喜欢的书中人物

1. 创设学习情境,明确学习内容。

(1)链接单元课文,引出交际任务:最近我们举办了有趣的阅读论坛分享会。在前几节课的学习中,我们向孔子、朱熹请教了读书、学习的秘诀,还和作家冰心、叶文玲一起,回顾了她们的读书经历。这节课开始,我们论坛的视角将从作家、名人转向我们自己。我们将举行"一场阅读人生的分享",论坛的嘉宾就是在座的同学们。

(2)明确分享内容:

① 展示课前搜集的自己喜欢的书中人物的相关信息。

② 聚焦介绍内容,提取要点:从哪几个方面来介绍? 喜欢这个人物的理由有哪些?

2. 启发思考,明确交际要求。

(1)启发提问:如何将自己喜欢的文学作品或影视作品中的人物介绍给大家? 如何把喜欢的理由介绍清楚?

（2）出示教材范例，学习方法。

人物	出处	喜欢的理由
哪吒	动画片《哪吒闹海》	1. 年纪小但武功高强。 2. 见义勇为，敢于担当。

（3）充分交流，达成共识。

出示"小贴士一"：分条讲述，把理由说清楚。

出示"小贴士二"：听人说话能抓住重点。

3. 运用方法，尝试分享。

（1）借助表格，整理课前搜集的资料。

（2）自主练说。

提供参考示例：大家好！我最喜欢的人物形象是出自 ＿＿＿＿＿ 中的 ＿＿＿＿＿，我喜欢他的理由有以下几点：一是……二是……三是……

（3）指名交流，互相评价。

（4）小结：分条讲述能将喜欢的理由说清楚，同时便于听的人抓住重点。

4. 丰富内容，提升表达。

（1）引导：分条讲述能把喜欢的理由讲清楚，但不足以给人留下深刻的印象。怎样交流才能使你最喜欢的人物形象让人印象深刻？

（2）再次学习教材中的例子。

人物	出处	喜欢的理由
哪吒	动画片《哪吒闹海》	1. 年纪小但武功高强，能变出三头六臂…… 2. 见义勇为，敢于担当。有一次，他救了被龙王欺负的老百姓……

发现：除了分条罗列喜欢的理由外，表格中还有哪些信息？

◆ "能变出三头六臂"，通过举例子把哪吒"武功高强"介绍得更具体。

◆ "有一次……"，通过书中具体的事例把哪吒"见义勇为，敢于担当"说得更详细。

◆ 每一个理由都是先概括再具体说的。

小结：用具体的例子将喜欢的理由说清楚，这样更能吸引听众。

（3）添加例子或事例，完善人物信息表。

5. 集体交流，评选奖项。

（1）以四人小组为单位，运用所学的交流方法轮流发言。

评价要点	说			听
	分条讲说清楚	先概述再具体有例子（事例）	声音响亮自信大方	仔细听抓重点
同伴互评	★★★★★（　　）★	★★★★★（　　）★	★★★★★（　　）★	★★★★★（　　）★

（2）各小组推荐代表上台交流，借助评价表互评互鉴，集体评选博览群书奖、最具智慧奖、思想深刻奖……

活动二：写写我推荐的一本好书

1. 交流课前的推荐卡，获取信息。

> **好 书 推 荐 卡**
>
> 书名：《＿＿＿＿＿＿》　作者：＿＿＿＿＿＿　出版社：＿＿＿＿＿＿
>
> 推荐理由：＿＿＿＿＿＿＿＿＿＿＿＿＿＿＿＿＿＿＿＿＿＿＿＿＿＿
>
> ＿＿＿＿＿＿＿＿＿＿＿＿＿＿＿＿＿＿＿＿＿＿＿＿＿＿＿＿＿＿＿
>
> ＿＿＿＿＿＿＿＿＿＿＿＿＿＿＿＿＿＿＿＿　推荐人：＿＿＿＿＿＿

2. 明确目标，梳理思路。

（1）默读教材，了解本次习作的内容和需要注意的地方。

（2）根据习作要求,梳理习作思路。

◆ 师示范:

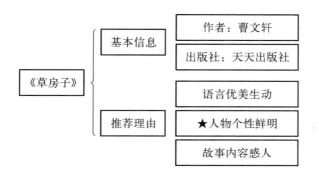

◆ 学生确定推荐的书籍,梳理习作思路,导图可以自己设计,也可以选择下面的形式,在重点推荐理由前打"★"。

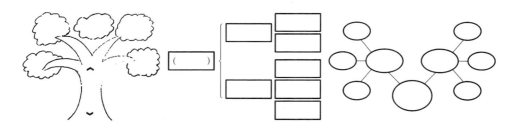

◆ 交流习作思路导图,聚焦推荐理由。

小说——情节、人物、语言

科普——有趣的知识、独特的想法……

◆ 指导做好分段表述。

根据习作思路导图给文章分段:基本信息一段,每一个推荐理由各写一段。

3. 聚焦"写具体",突破难点。

（1）聚焦"写具体"。

明确习作难点——重要理由写具体。

（2）例文引路,提炼写具体的方法:

◆ 先概述再具体;

◆ 通过事例写人物(回顾口语交际中学到的方法:用具体的例子把喜欢的

理由说清楚）；

◆ 加入自己的阅读感受。

（3）小结：运用恰当的方法就可以将重点理由更好地表述出来。不过，要注意的是，这些方法不是唯一固定的，而是灵活交融的，要根据你的表达需要来确定。

4. 根据导图写作，互评互改完善习作。

（1）根据习作思路导图动笔写作。教师巡视，发现学生习作中的优点，解决学生习作中的困难。

（2）对照要求，互评互改。

	信息完整	分段表述	重点理由写具体
自我评价	★★★	★★★	★★★
同伴互评	★★★	★★★	★★★

（3）结课。

出示本单元《语文园地》"词句段运用"中的名言，学生齐读。

书，被人们称为人类文明的"长生果"。

莎士比亚说："书籍是全世界的营养品。"

一本你喜爱的书就是一位朋友，也是一处你随时想去就去的故地。

活动三：制作"我的阅读成长手册"

1. 整理单元学习收获。

（1）回顾单元学习，整理收获。

小组交流：围绕"读书促人成长，读书给人智慧"这个学习主题，谈谈自己的学习收获和启发。

组内成员结合单元具体内容，谈谈自己的收获。

集体交流：各小组汇报交流，其他小组补充。

（2）借"交流平台"，整理学习成果。

朗读"交流平台"中学习伙伴的对话，对照自己的学习收获，引导交流：

① 你喜欢读哪些课外书？平时除了阅读老师、家长推荐的书，自己还会主动找什么书来读？

② 你会如何找到自己想读的书？

③ 学习伙伴交流了哪些找书的方法？（课文中提到的、从一本书到同一类书、从一个故事到整本书、不同体裁和题材的书）这些找书的方法你是否用过？它们有什么好处？

④ 说一说你的寒假读书计划。

2. 品读"日积月累"，明白诗中道理。

（1）出示诗文，读正确。

（2）同桌交流，读明白。

（3）讨论交流，明其理。

题目是"观书有感"，为什么内容写的却是"半亩方塘""天光云影""春水生"等景物？

预设：通过比喻，作者将道理讲得生动而具体。只有不断学习、更新和发展，汲取新的知识，像不断有源头活水注入塘中那样，才能使内心澄明；只有博览群书，注重积累，做学问的时候才能运用自如。

3. 制作"我的阅读成长手册"。

（1）回顾单元学习：学习本单元，我们有很多收获。我们学习了古今名人、作家的读书方法和读书态度，知道了好书的标准，同时还跟同学们交流了最喜欢的书中人物，还用习作向大家推荐了喜欢的书籍。

（2）交流：如何记录、呈现学习收获？

制作一本属于自己的阅读成长手册。

（3）议一议：手册中要呈现哪些内容？

①"我的成长书架"——介绍自己喜欢读的书

②"我的读书秘诀"——整理自己读书的方法

③"我的阅读感悟"——记录自己阅读时的所思所想

④"我的阅读推荐"——向同学推荐几本书，把推荐理由写清楚

（4）组织展示、交流。

第14讲　感受异域风情，爱我大美中华

——统编教材五年级下册第七单元"实用性阅读与交流"
学习任务群设计

➡ 一、主题与内容

（一）任务群的归属

本单元由三篇课文组成，分别是《威尼斯的小艇》《牧场之国》《金字塔》，还有口语交际"我是小小讲解员"、单元习作"中国的世界文化遗产"。其中口语交际和单元习作对应的是《义务教育语文课程标准（2022年版）》中"实用性阅读与交流"学习任务群第三学段第2条学习内容的要求——"学习通过口头表述和多种形式的书面表达，分享观察自然、探索科学世界的所见所闻、所思所感"，属于典型的实用性交流任务。《金字塔》一课是组合文本，由不同文体的两个文本组成。《金字塔夕照》是散文，《不可思议的金字塔》是包含了文字、图示、数据、表格、批注等内容的非连续性文本。可让学生进行跨媒介阅读，从而落实"实用性阅读与交流"学习任务群第三学段的学习要求——"学习记笔记、列大纲、写脚本、画思维导图等整理和呈现信息的方法"。

需要说明的是，另两篇课文《威尼斯的小艇》《牧场之国》属于文学作品，在这里为了任务群教学的整体需要，可以改变它们的文本教学功能，使它们具有实用指向，将单元内容统整在一起。

（二）主题的确定

这一单元围绕"世界各地"这一人文主题，所有的内容都有着共同的指向——多元的世界文化。从威尼斯独特的城市风光韵味、荷兰牧场动物的悠闲与环境的和谐、金字塔的古老神秘到中国的世界文化遗产的丰富灿烂，构成一幅

幅动人的画面,能让学生走出去感受异域风情,再走回来赞颂我大美中华。根据以上分析,将本单元的学习主题提炼为"感受异域风情,爱我大美中华",统领整个单元教学活动的设计。

(三)内容的组织

本单元的学习可分成"实用性阅读"与"实用性交流"两部分。"实用性阅读"的内容是"感受异域风情",学习《威尼斯的小艇》《牧场之国》《金字塔》;"实用性交流"的内容是"爱我大美中华",学习口语交际"我是小小讲解员"、习作"中国的世界文化遗产"和《语文园地》。从"实用性阅读"到"实用性交流",形成一个紧密关联的学习场,阅读内容是交流的学习范本,交流又是在阅读基础上的能力提升。

➡️ 二、目标与评价

单元学习目标	单元学习评价
1. 认识 25 个生字,读准 1 个多音字,会写 27 个字。 2. 通过不同的节奏、语气等,读出不同景色的独特魅力。 3. 背诵古诗《乡村四月》。	1. 掌握本单元的相关字词,完成学习测评,并能够通过字词检测。 2. 抓住关键词句体会独特风情,运用不同的语气、节奏读出不同景色的独特魅力。 3. 能够背诵及默写《乡村四月》。
1. 关注课文中对典型景物的描写,体会静态描写和动态描写的表达效果,感受异域风情。 2. 通过梳理课文结构、结合重点词句,解说景点。 3. 通过不同形式的有感情朗读,积累优美的句子,并进行仿写。	1. 图文结合完成"世界风光手册"。 2. 借助图表和补充资料讲解异域风光特点。 3. 借助《语文园地》"词句段运用"中的素材,用上动静结合的写法进行仿写。
1. 初步了解非连续性文本的特点,并能从中获取所需的信息。 2. 对比两个文本,感受不同文体的特点。	1. 完成《金字塔夕照》《不可思议的金字塔》对比信息表,针对信息表达感受。 2. 在具体情境中,会选择合适的文体进行表达。

单元学习目标	单元学习评价
1. 列出讲解的提纲，按照一定顺序讲述。 2. 根据听众的反应，对讲解的内容作调整。	1. 按讲解提纲依一定顺序、有重点地讲解中国的世界文化遗产，并学习跨媒介讲解。 2. 模拟情境，根据听众的反应，调整对应的讲解内容。
1. 搜集资料，了解中国的世界文化遗产。 2. 有目的地搜集和整理资料，清楚地介绍一处自己感兴趣的中国的世界文化遗产。	1. 整理筛选搜集的资料，介绍中国的世界文化遗产。 2. 借助"世界风光手册"、视频等多种形式展示中国的世界文化遗产。

三、情境与任务

（一）学习情境

基于"感受异域风情，爱我大美中华"的单元主题，我们可以创设一个真实的学习情境："同学们，你们喜欢旅游吗？这个单元让我们跟着课本游世界，去欧洲看看水城威尼斯，去著名的牧场之国感受荷兰的静美，去非洲的埃及领略世界七大奇迹之一的金字塔。最后，回到中国，感受祖国的大好河山，绘制属于我们的'世界风光手册'。"学生在完成绘制后还要对这些风景进行解说，在情境中进行"小小讲解员"的实践活动。在习作课上，让学生搜集整理中国的世界文化遗产资料，撰写作文。最后的总结课上，在教室里举办"世界风光手册"主题展览，以参观和点评的方式评选最佳代言人。在这样的真实学习情境中，驱动学生在"游览风光"中完成学习任务。

（二）任务框架

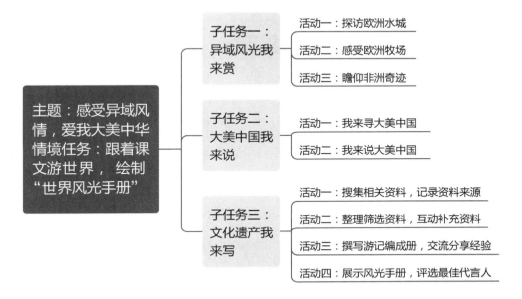

主题：感受异域风情，爱我大美中华
情境任务：跟着课文游世界，绘制"世界风光手册"

子任务一：异域风光我来赏
- 活动一：探访欧洲水城
- 活动二：感受欧洲牧场
- 活动三：瞻仰非洲奇迹

子任务二：大美中国我来说
- 活动一：我来寻大美中国
- 活动二：我来说大美中国

子任务三：文化遗产我来写
- 活动一：搜集相关资料，记录资料来源
- 活动二：整理筛选资料，互动补充资料
- 活动三：撰写游记编成册，交流分享经验
- 活动四：展示风光手册，评选最佳代言人

本学习任务群的主题为"感受异域风情，爱我大美中华"，为了更好地完成情境任务，设计了三个子任务：异域风光我来赏，大美中国我来说，文化遗产我来写。精读课文《威尼斯的小艇》《牧场之国》的学习为学生搭建起异域风光欣赏路径：从整体印象、代表事物、生活场景来感受独有风情。《金字塔》一课让学生对比学习不同文体，获取信息，感受文体特点。最后以"为兵马俑发出中国声音"为驱动任务，串联口语交际"我是小小讲解员"和习作"中国的世界文化遗产"，同时把《语文园地》的相关内容融入以上三个子任务中，形成了结构化的活动链。

（三）课时规划

课时安排	学习内容
第1、第2课时	创设情境，明确任务，学习课文《威尼斯的小艇》，体会动态描写和静态描写的表达效果，绘制威尼斯风光手册。
第3、第4课时	学习课文《牧场之国》，积累语言，运用以动衬静的手法进行仿写，丰富风光手册内容。

课时安排	学习内容
第5、第6课时	学习课文《金字塔》，了解非连续性文本的特点，感受不同文体的表达特点，能够在具体情境中选择合适的文体进行表达。用不同形式绘制兵马俑手册。
第7课时	口语交际：搜集中国的世界文化遗产秦始皇陵兵马俑的资料，借助提纲，介绍大美中国。
第8、第9课时	习作：整理筛选资料，依据提纲描写中国的世界文化遗产风光，评选最佳代言人。

四、活动与过程

子任务一：异域风光我来赏

活动一：探访欧洲水城

1. 初识一座城，真真假假，信息判断。

---

1. 威尼斯是世界上唯一没有汽车的城市。

2. 威尼斯周围被海洋环绕，由100多个小岛组成，177条运河蛛网一样密布其中。这些小岛和运河由大约401座各式各样的桥相连，所以威尼斯有"水城""百岛城""桥城"之称。

3. 威尼斯全部都是水路，所以没有道路。

4. 威尼斯是世界闻名的水上城市，河道纵横交叉，小艇是威尼斯主要的交通工具，等于我们大街上的汽车。

---

2. 借助图表，梳理内容。

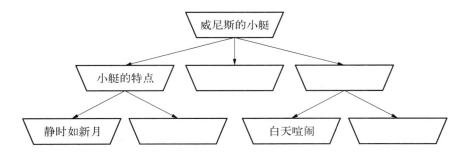

3. 朗读第 2 自然段,想象并研究一艘艇。

（1）思考:为什么要把小艇设计成这样?（适应狭窄的水道,更灵活）

（2）聚焦文字"独木舟""新月""水蛇",思考:你还能想到什么更合适的词来形容?

小结:这如新月之静美、如水蛇之灵动的小艇,就是独属于威尼斯的风情。

4. 品读第 4 自然段,见识船夫技术。

（1）这一自然段是围绕哪一句写的? 读片段,说说船夫的技术高超体现在哪儿。

交流反馈:

◆ 感受"极快、拥挤、极窄"三种情况下船夫的技术。

◆ 可否删除最后一句?（融入体验:舒服、新鲜、兴奋、惊奇……）

（2）小组交流:写小艇为什么还要写船夫呢?

小结:作者特意写了这段话,实在是因为船夫也是威尼斯的一道独特的风景。

5. 深入文字,领会人和小艇的关系。

默读第 5 自然段,思考:作者写了哪些人坐小艇? 他们坐小艇去干什么?

小结:威尼斯小艇与人们的生活息息相关。

6. 深入品读,感受动静之趣。

（1）默读第 6 自然段,把这一段分成两个部分。（艇动城闹,艇停城静）

（2）朗读"簇拥、散开、消失、哗笑、告别",想象画面。

小结:威尼斯古城的热闹和静寂与小艇的动和静密切相关。艇不动了,人们也就停止了活动。这一优美的夜景描写也说明小艇是小城重要的交通工具。

7. 联结"阅读链接",体会动静之妙。

（1）自由读,边读边把片段和课文共同写到的内容圈画出来。

（2）四人小组合作完成表格。

文章	游览途经地	静态描写	动态描写	作者感受
《威尼斯的小艇》马克·吐温				
《威尼斯》朱自清				
《威尼斯之夜》乔治·桑				

小结：三位作家都从不同侧面介绍了威尼斯这座水上名城的独特风情,都用优美、生动、形象的语言写出了景物的静态美和动态美。

8. 回顾学习过程,谈谈如何欣赏一座城,并结合感受,完成"世界风光手册"之"威尼斯篇"。

（从整体印象、代表事物、生活场景去欣赏独有风情）

活动二：感受欧洲牧场

1. 自由读全文,聊聊对荷兰的印象。

写了什么？

牛

马

绵羊、猪、山羊、鸡

傍晚　入夜

感受

自由

悠闲

安静

……

2. 再读全文,了解文章结构：

白天——夜晚

自然——动物——人

（对应异域风光欣赏路径：整体印象、代表事物、生活场景）

3. 感受"独有一番情趣"。

（1）默读课文第 3、第 4 自然段，用"＿＿＿"画出表现动物是牧场主人的词句。

（2）思考：牛、马、羊等就是普通的动物，为什么在作者笔下它们却是"家长、主人、公爵"？

小结：草原辽阔，动物安闲自在，荷兰，的确是自然的国、动物的国。

4. 感受"以动衬静"。

（1）默读第 5 自然段，根据时间线索，说说这段话描写了哪两个时间的哪些场景。

① 金色的晚霞铺在西天，远处偶尔传来汽笛声，接着又是一片寂静。

② 运河之中，装满奶桶的船只在舒缓平稳地行驶。满载着一罐一罐牛奶的汽车、火车，不停地开往城市。车船过后，一切又恢复了平静。

③ 沉睡的牲畜，无声的低地，漆黑的夜晚，只有远处的几座灯塔在闪烁着微弱的光。

（2）思考：为什么汽笛声、不停行驶的汽车和火车、闪烁着微弱光芒的灯塔这些动态的描写放在这儿，反而显出一派宁静祥和？

小结：这些句子有意思，明明是写动态的，反而给人一种宁静安闲之感，正如"蝉噪林逾静，鸟鸣山更幽"一样，这种写法就是以动衬静。

5. 解密写法。

（1）总结写法：作者把荷兰牧场的自然之美与动物之趣、动物与人和谐相处巧妙地融合在一起，动静结合，多么妙不可言啊。

（2）联读"日积月累"中的《乡村四月》，找到描写动与静的部分，谈动静结合带来的感受，并朗读背诵。

小结：静中有动，让景更鲜活；动中有静，让景更迷人。

6. 感受一咏三叹。

（1）思考："这就是真正的荷兰"出现了几次？

（2）思考："真正"是什么意思？

预设："真正"这个词是一种强调，表达了作者强烈的感受。

（3）思考：这四次"这就是真正的荷兰"表达的意思是一样的吗？

预设：2次出现在自然段的结尾，都是作者看到眼前景象后油然而生的赞叹；1次出现在自然段的开头，引出要写的景象，也是赞美之情的延续；最后出现在结尾，是作者情感最真切的流露，不仅表达了作者对荷兰牧场安宁、自由、和谐的赞美，还加深了我们对荷兰牧场的印象。

7. 仿照文段，以动静结合的方式写一写"放学后的校园"。

思考：可以写什么景物？（夕阳、教室、讲台、操场、旗杆、树木、花草、小鸟……）

8. 回顾学习过程，结合《威尼斯的小艇》一课的学习方法，说一说《牧场之国》是怎么写的，并通过交流合作，完成"世界风光手册"之"牧场之国篇"。

（从整体印象、代表事物、生活场景去欣赏独有风情）

活动三：瞻仰非洲奇迹

1. 默读课文，聊发现。

（1）发现课文由两篇短文组合而成：一篇散文，文字优美吸引人；一篇是非连续性文本，语言简洁，图文结合。

（2）互相印证，发现相同之处，感受奇迹。

要点预设：

《金字塔夕照》	《不可思议的金字塔》
古老 _____	公元前 2600 年左右
三座金山 _____	塔原高约 146 米，塔基原边长约 230 米等
神秘 _____	石头中间没有黏着物

2. 比对两种文体，谈感受。

预设：《金字塔夕照》语言优美，读后让人受到震撼。

《不可思议的金字塔》语言简洁，内容丰富，信息量大。

3. 再读文本，探究文体价值，读懂非连续性文本。

（1）交流《金字塔夕照》：哪些语句的描写让你产生了心灵的震撼？

◆ 学生自由表达，了解语段表达结构：看到的＋联想的。

◆ 结合《语文园地》"词句段运用"中的第 2 题，体会集中强调一种颜色的表达方法。

小结：作者运用了静态描写的方法，将金字塔夕照的美景展现在我们眼前，仿佛也让我们产生了万千思绪,这就是震撼我们心灵的文章。

(2)交流《不可思议的金字塔》:介绍了什么内容?你是怎么读懂的?

◆ 这么多信息是随意安排、毫无章法的吗?

(从时间、地点、外观、工艺方面介绍了金字塔)

◆ 文章明明是写金字塔,为何还加上"古埃及"这部分内容介绍呢?

(学生说理由,并大胆推测金字塔建造过程)

◆ 这种文体叫非连续性文本,再去看看,文中还隐含了哪些信息?

(有指示箭头、阅读疑问)

小结:这篇文章以图文对照、分条罗列的形式从时间、地点、工艺、外观、成就向我们展现了金字塔的不可思议。

(感受文体特点:信息丰富、图文对照、分条罗列、以正副标题呈现等)

4. 对比文本,说说喜欢哪一种文体。

(1)交流喜欢的理由。

(2)总结:文体没有优劣之分,各有所长,只是适用的场合不一样。

5. 总结:今天我们通过学习,了解了非连续性文本的特点,还知道了不同的文体适用不同的场合。课后继续完成"世界风光手册"之"非洲奇迹篇"。

子任务二:大美中国我来说

活动一:我来寻大美中国

按需求,明任务:我们跟着课文观赏了欧洲水城威尼斯、荷兰牧场和非洲奇迹金字塔,领略了异域风光,绘制了"世界风光手册"。这节课,我们继续说说中国的奇迹——秦始皇陵兵马俑,向世界展示大美中华。

(1)出示教材内容:学校来了客人,需要你讲解校园里有代表性的地方;亲友到你家做客,需要你介绍一下周边的环境;暑假开始了,博物馆需要汉字文化讲解员……

思考:听众需要的讲解是什么样的?

(2)讨论交流:当秦始皇兵马俑博物馆的小小讲解员,需要做哪些准备?

(搜集资料、分类整理筛选、列提纲有条理地讲解……)

活动二：我来说大美中国

1. 列提纲，明任务。

（1）讨论最需要讲解的内容。

（梳理：基本现状、历史变化、相关故事、遗产价值等）

（2）根据讲解的内容，给搜集的相关资料分类。

（3）以多种方式列提纲（以一号坑为例）。

主题：秦始皇兵马俑博物馆介绍提纲

内容：

● 秦始皇陵兵马俑的地位。

● 三个俑坑的状况，以一号坑为例。

● 秦始皇陵兵马俑的制作技术。

---

2. 用提纲，练讲解。

（1）出示讲解要求：

● 讲解的时候，条理要清楚，语气、语速要适当，可以用动作、表情辅助讲解。

● 可以根据听众的反应调整讲解的内容。如，发现听众对某个部分不太感兴趣时，可以适当删减内容。

（2）给出开头和结尾，让讲解更完整。

开头：大家好，我是今天的讲解员××，我讲解的内容是××。

内容：……

结束语：以上就是我的讲解，谢谢大家。接下来请大家自由参观。

（3）模拟情境，调整讲解内容：

◆ 当说到兵马俑挖掘的历史时，听众的眼睛都发亮了，你应该？

◆ 当说到兵马俑的研究价值时，小朋友们开始走神，有的还跑开了，你应该？

（4）借助评价标准，小组内推选"最佳讲解员"和"最佳听众"。

身份	评价标准	互评
讲解员	条理清楚，重点突出	🎤🎤🎤
	使用了适当的动作、表情	🎤🎤🎤
	能根据听众的反应及时调整讲解内容	🎤🎤🎤
听众	能认真倾听讲解员的讲解	🎧🎧🎧
	能积极、礼貌地与讲解员互动	🎧🎧🎧

3. 跨媒介，趣讲解。

介绍网络时代讲解的特点，出示"跨媒介，趣讲解"小锦囊：

① 加点故事吸引人；② 借助图片、视频更生动；③ 数据加持更震撼；④ 搭配音乐有韵味。

子任务三：文化遗产我来写

活动一：搜集相关资料，记录资料来源

1. 了解中国的世界文化遗产，选择一处最感兴趣的地方。

2. 课前通过不同渠道（课外书、报刊、口头谈论、影视资料等），以不同形式（表格、思维导图、剪贴等）搜索资料，记录在活动单上。

＿＿＿＿世界文化遗产资料表

介绍类别	资料内容	资料来源	查找方式	呈现方式
基本现状				
历史变化				
相关故事				
遗产价值				

注：
(1) 在表中写好资料内容的题目，具体内容可打印或抄写。
(2) 资料来源写明资料是选自哪些书、报刊、网站。
(3) 查找方式写明是上网搜索、摘自书报还是别人介绍。
(4) 呈现方式填写文字、图画、表格等形式。

活动二：整理筛选资料，互动补充资料

1. 学习资料的整理筛选。

（1）介绍自己整理的资料，并按"基本现状、历史变化、相关故事、遗产价值"四个方面把搜集的资料归类。（选择同一个地方的同学组成 4 人助学小组交流）

（2）范例辨析：学习资料的剔除、完善。

（3）选择重要的、必要的内容，讨论按什么顺序介绍。

2. 交流分享。

完成整理筛选后，请两个学生上台展示自己组整理的资料，并说明整理归类的理由。

活动三：撰写游记编成册，交流分享经验

1. 学生习作，教师巡视时有意识地搜集有讨论价值的学生习作。

2. 出示选定的有讨论价值的习作。创设情境，请习作的作者上台扮演导游作介绍，其他学生以游客的身份来倾听。倾听时要从下面五个方面去评价同学的习作。

评价内容	评价标准	自评	他评
开头引入	能清楚地说明介绍的对象	☆	☆
基本现状	能把资料内容转化为自己的语言概括介绍	☆	☆
历史变化	介绍的内容经过提炼，语言简练	☆	☆
相关故事	选取的故事跟文化遗产关联紧密，吸引人	☆	☆
遗产价值	介绍时抓住最有价值的点融入自己的情感	☆	☆

3. 第一次自我修改。

4. 四人小组再次轮流扮演导游和游客的角色，根据评价标准作第二次修改，最后誊写。

活动四：展示风光手册，评选最佳代言人

1. 回顾单元学习，提炼学习策略：

（1）如果我们来到一个陌生的地方游览，怎样以最快的速度更全面地了解那里的特点呢?

（抓住整体印象、代表事物、生活场景来感受）

（2）如果要把自己观赏的风景传递给身边的人,你会用怎样的方式?

（动静结合的文字描写、图文对照、拍摄视频……）

2. 展示风光手册,拓宽学习路径,选出心中的最佳代言人。

世界风光手册——(　　)篇

在介绍的时候,可以借助图片、表格等辅助形式。

整体印象

代表事物

有趣生活　HAPPY EVERY DAY

独有风情

星级评定	我能得(　　)颗星
有条理地整理资料	☆☆☆
多角度梳理内容	☆☆☆
多形式展示风情	☆☆☆

第 15 讲 学做一个高效的阅读者

——统编教材六年级上册第三单元"实用性阅读与交流"
学习任务群设计

（一）任务群的归属

本单元是阅读策略单元，由三篇课文组成，分别是《竹节人》《宇宙生命之谜》《故宫博物院》。这三篇课文类型不同，有叙事散文、科普说明文、资讯类组合文本，但都指向一个实用性目标"有目的的阅读"。有目的的阅读就是获取信息、处理信息、为我所用的过程，这与学生的现实生活需求紧密相连。

根据"实用性阅读与交流"学习任务群的定位"通过倾听、阅读、观察，获取、整合有价值的信息，根据具体交际情境和交流对象，清楚得体表达，有效传递信息，满足家庭生活、学校生活、社会生活交流沟通需要"，本单元以"实用性阅读与交流"学习任务群组织教学活动。

（二）主题的确定

本单元语文要素是"根据阅读目的，选用恰当的阅读方法"，旨在引导学生学习掌握有目的阅读的学习策略，根据不同的阅读任务，采用不同的阅读方法，达到不同的阅读目的。六年级学生已经积累了一定的阅读经验，本单元重在引导学生运用恰当的阅读方法进行有目的的阅读，提高阅读效率，从而形成运用阅读策略的意识，成为积极的阅读者。据此，我们把"有目的的阅读"确定为本单元的学习主题，引导学生做一个高效的阅读者。

（三）内容的组织

本单元的三篇文章内容丰富，角度多样，能为不同阅读目的服务。三篇课文对有目的的阅读进行了有层次、有梯度的内容安排。《竹节人》的阅读要求是"写玩具制作指南""体会传统玩具给人们带来的乐趣""讲一个有关老师的故事",是"基于不同目的的阅读";《宇宙生命之谜》是为探寻"其他星球上是否也有生命存在",是"基于问题的阅读";《故宫博物院》要选择相关材料完成"参观路线图"和"景点解说词",是"基于选择性的阅读"。

本单元的习作"＿＿＿让生活更美好"与单元主题"有目的的阅读"关联不大,建议单独教学。

➡ 二、目标与评价

单元学习目标	单元学习评价
1. 会写28个字,会写39个词语。积累背诵古诗《春日》。 2. 体会"动作、神态描写＋联想"句式的表达效果,尝试描写某人对某件事入迷的样子。 3. 体会围绕关键意思分点表述的好处,并能选择一个话题,做到条理清晰、有理有据地表达观点。	1. 掌握本单元相关的词语要求,熟练背诵古诗,能通过练习测评。 2. 能运用"动作、神态描写＋联想"的表现手法,完成《语文园地》的相应练习。 3. 根据具体情境,围绕关键意思分点表述观点,完成《语文园地》的相关练习。
1. 会根据不同的任务,关注不同的内容,采用略读与精读结合的阅读方法,完成《竹节人》的三个阅读任务。 2. 会带着不同的问题阅读,搜集、筛选、运用、评价信息,形成自己的观点,解答问题。 3. 会阅读组合文本,根据交流任务进行选择性阅读,判断、选择、整合信息,完成《故宫博物院》的两个阅读任务。	1. 清楚有序地撰写玩具制作指南,关注、梳理关键信息,向同学生动描述竹节人的玩法、竹节人带来的乐趣和"老师有玩心"的故事。 2. 练习使用方法,分点有理有据地回答"科学家怎么判断其他星球有没有生命""人类是否有可能移居火星"。 3. 根据不同任务、不同对象,合理选择材料,绘制故宫参观路线图,向家人具体生动地作讲解。
能整理阅读方法,条理清晰地交流自己运用阅读策略的经验,产生积极的探究意识和探究欲望,做一个积极的阅读者。	分享阅读方法,整理高效阅读方法,形成"高效阅读知识树",并在阅读实战中运用,提高阅读效率。

（一）学习情境

本单元选文字数多、容量大，要让学生快速阅读信息，完成任务，就需要提高学生的阅读效率，所以将本单元的情境任务定位为"学做一个高效的阅读者"："在信息浩瀚如海的时代，我们的眼前每天都充斥着大量的资讯。怎样才能在又多又杂的信息中，根据阅读目的，汲取所需信息，提高阅读效率，满足生活需求呢？让我们通过第三单元的学习，进行有目的的阅读，学做一个高效的阅读者。"本学习情境从生活需求、社会能力的角度出发，创设了真实的任务驱动情境，指导学生进行阅读策略的学习与运用。

（二）任务框架

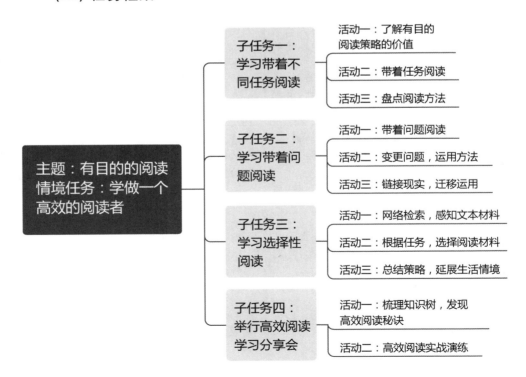

为更好地完成学习任务,本设计将情境任务作了活动分解,设置了结构化的活动链。子任务一是"学习带着不同任务阅读",学习课文《竹节人》,完成"写玩具制作指南""体会传统玩具给人们带来的乐趣""讲述一个有关老师的故事"。子任务二是"学习带着问题阅读",学习课文《宇宙生命之谜》,带着问题,筛选对应文本,解决问题,梳理阅读方法。子任务三是"学习选择性阅读",学习课文《故宫博物院》,筛选材料,提取信息,绘制路线图,根据对象,作景点解说。子任务四是"举行高效阅读学习分享会",是对阅读策略的盘点。

(三)课时规划

课时安排	学习内容
第1、第2课时	明确有目的阅读策略的价值,学习课文《竹节人》,完成三个不同的阅读任务,盘点阅读方法。
第3、第4课时	学习课文《宇宙生命之谜》,解答问题,拓展材料,练习搜集、筛选、运用、评价信息。
第5课时	学习课文《故宫博物院》,认识组合文本,根据任务选择材料,绘制路线图,作景点解说,并总结策略,延展生活情境。
第6课时	组织开展班级高效阅读学习分享会,绘制"高效阅读知识树"。

➡ 四、活动与过程

子任务一:学习带着不同任务阅读

活动一:了解有目的阅读策略的价值

1. 创设主题情境:在信息浩瀚如海的时代,我们的眼前每天都充斥着大量的资讯。怎样才能在这些又多又杂的信息中汲取所需的信息,提高阅读效率呢?让我们通过第三单元的学习,掌握高效阅读的方法,办一期"高效阅读经验交流会"。

2. 明确阅读任务,初步感知。

(1)初读课文,整体感知:课文讲了一件什么事?

(2)学习本课生字词,重点点拨:可通过查询网络了解"窦尔敦",通过图片了解"偃月刀"和"蛇矛",结合课文内容理解"挖空心思""剑拔弩张"。

(3)读阅读导语,初步了解有目的阅读的方法,明确本课阅读任务。

(4)分析阅读任务,讨论:

这三个阅读任务一样吗?

为了完成任务,我们要做什么?(提供讨论支架:第一步,第二步,第三步……)

(5)交流整理,形成板书:

浏览→细读→圈画关键信息→整合信息→完成任务

活动二:带着任务阅读

1. 指导完成阅读任务一:写玩具制作指南,并教别人玩这种玩具。

(1)浏览课文,在有价值的语段旁边打钩。

(2)交流:写玩具制作指南要关注第 3 自然段,教别人玩这种玩具要关注第 8~16 自然段。

(3)细读第 3 自然段,选择不同形式,完成玩具制作指南并交流。

形式一:表格式

竹节人制作指南

工具	
材料	
步骤	
注意事项	

形式二：图文式

竹节人制作指南（示意图）

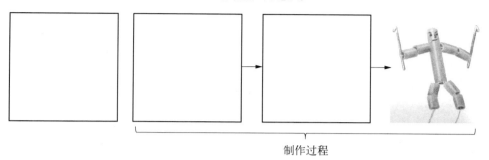

制作过程

（4）细读第 8～16 自然段，思考：竹节人有几种玩法？

◆ 细读，思考：这些玩法有什么共同点？

梳理小结：先用道具装扮竹节人，再在身上刻上名号，最后将线一松一紧操控竹节人进行打斗。

◆ 给第 13 自然段的竹节人取个响亮的名号，全班交流。

◆ 选择最喜欢的一种装扮方式，讲一讲玩法。

2．小结有目的阅读的方法：浏览课文，根据任务关注不同内容；聚焦相关内容，圈画关键信息；整合相关信息，完成任务。

3．根据方法，小组合作完成阅读任务二和任务三。

（1）组内认领任务，借助支架完成任务并交流。

阅读任务二交流支架：我关注的内容是_____，体会到的乐趣是_____，我采用的阅读方法是_____。

阅读任务三交流支架：我关注的内容是_____，我能借助起因、经过、结果讲清楚，能抓住关键词句说生动。

（2）交流"乐趣"。

乐趣 1：关注第 3、第 4 自然段，想象被妈妈责怪时，"我们"的心理活动，体会"偷做玩具的乐趣"，有感情地朗读句子。

乐趣 2：关注第 5～7 自然段和第 14 自然段，对比"像黄河长江似的裂缝"给"我们"带来的不便和好处，体会"妙用之乐"，师生合作朗读。

乐趣 3：关注第 8～16 自然段，请学生上台边玩竹节人边解说，体会"打斗之乐"。

（3）讲述故事：请学生上台讲述故事，全班评价。

要点：梳理起因、经过、结果并讲清楚；抓住描写老师玩竹节人的段落，讲得具体生动。

（4）聚焦"老师玩竹节人"的部分，学写"入迷"。

◆ 思考：作者是通过什么方法把老师入迷的样子写具体的？

◆ 链接《语文园地》"词句段运用"第一题，思考：这些片段在表现手法上有什么共同点？

◆ 交流共同点：都对某个人入迷时候的动作、神态作了详细描写，同时还展开了联想，把某人入迷的样子写得十分生动详细。

◆ 选择一个情景或自定一个情景写一写。

（参考情景：看书、听音乐、做手工……）

◆ 分别选择一个没有体现入迷样子和较好体现入迷样子的片段全班交流：是否抓住动作、神态展开描写？是否展示了合理的联想？

活动三：盘点阅读方法

1. 情境创设：学完课文，同学们就有目的的阅读开展了一次盘点，让我们加入他们吧！

（1）学了《竹节人》，我知道了同一篇课文可以帮助我们完成不同的阅读任务。

（2）完成"写玩具制作指南，并教别人玩这种玩具"这个任务时，我先快速阅读全文，发现第 3 自然段、第 8～16 自然段能帮我解决这个问题，所以我仔细读了这两个部分，慢慢读，慢慢想，还用了圈画、摘抄等阅读方法，最后用示意图完成了玩具制作指南，并教会了弟弟玩竹节人。

（3）　

（4）是啊，同一篇课文，阅读目的不同，关注的内容、采用的阅读方法也有所不同。阅读前，先想一想阅读目的，再有针对性地选择适合的阅读方法，能帮助我们提高阅读效率。

2. 仔细读第（2）点内容，思考：这段话围绕有目的的阅读讲了哪些方面的内

容?(阅读步骤、阅读方法、任务成果)

3. 学着第(2)点叙述,补充第(3)点内容,写写有目的阅读的过程。

4. 全班交流,形成"高效阅读知识树"的局部:

子任务二:学习带着问题阅读

活动一:带着问题阅读

1. 带着问题初阅读——回归真实的阅读状态。

(1)思考:今天这篇课文的阅读目的是什么?自读学习提示,找一找。

明确:阅读目的是解答"宇宙中,除了地球外,其他星球上是否也有生命存在"这个问题。

预设1:可能存在。

可以猜测,地球绝不是有生命存在的唯一天体。(第2自然段)

近年来,科学家对落在地球上的一些陨石进行分析,发现陨石上存在有机分子,说明太空可能存在生命。(第9自然段)

预设2:不存在。

所有这些因素都说明,在火星上生命难以存在。(第7自然段)

这证明,在探测器着陆的地区,火星表面没有生命存在。(第8自然段)

(2)小结:虽然这个问题还没有明确的答案,但老师发现你们刚才带着目的浏览全文的时候,多数同学都关注了第2、第7、第8、第9自然段,因为这几个自然段中有直接提示这个问题的内容。

2. 带着问题再阅读——亲历判断推理过程。

(1)过渡:这是一篇科普文章,相较于结论,研究和寻找证据的过程更为重要。要想对这个问题,也就是我们的阅读目的形成更深入、更全面的理解,还要聚焦研究和寻找证据的部分。接下来,你又想怎样去阅读呢?跟你的同桌交流交流。

预设:仔细阅读文章的相关段落(第3~8自然段)。

学习建议:细读第3~8自然段,运用恰当的阅读方法,寻找与问题相关的内容。

◆ 第3自然段交流要点:

那么多字词,为什么只聚焦"一是……二是……三是……四是……"这些关键词?(带着目的阅读,圈画的关键词一定要跟我们的目的密切相关。)

你能快速地知道这段话作者想要表达的主要意思是什么吗?

请仔细读这段话,想想作者是怎样清楚表达自己的主要意思的。(先总说观点,再具体分点陈述;借助"一是、二是、三是"这样的序列词和分号。)

运用序列词可以使表达更清晰,能起到这样效果的词语还有吗?(第一、第二、第三;首先、其次、最后)

◆ 第4自然段交流要点:这段中有这么多关键内容,你到底获取了哪些和这个阅读目的相关的信息呢?用自己的话概括一下。(有目的的阅读,找到关键字词之后,还要能从中提取重要信息。)

◆ 第5、第6自然段交流要点:带着目的去阅读,我们应该把相关的内容联系着看,这样会有新的发现和认识。

◆ 第7自然段交流要点:学习第5、第6自然段时我们把相关内容联系着看,那么第7自然段应该和哪个自然段联系起来看?又有什么发现?(火星不具备生命存在的四个条件。)

◆ 第8自然段交流要点:根据阅读目的对提取的信息加以归纳。

(2)思考:带着目的细读第3~8自然段,圈画关键词,联系上下文,提取重要信息,现在对学习提示中的这个问题,又有怎样的理解?

预设：宇宙虽然很大,但地球之外存在生命的概率是极小的。

　　　　　虽然目前还没有发现,但也是有可能存在生命的。

　　3. 与学习伙伴对话——梳理阅读方法。

　　(1) 与同学对话:回想为解决这个问题,自己是怎么阅读这篇课文的,用了哪些阅读方法。先自己想一想,再在四人小组说一说。

　　(2) 与书本中的学习小伙伴对话:有一位同学为解决这个问题,在阅读的时候,一边读一边把自己的阅读方法写在旁边,这就是课文中的批注和最后的泡泡语。聚焦这位同学的阅读思考过程,看一看:

　　◆ 他用了,但是你刚才没用,又觉得挺好的方法,画个五角星。

　　◆ 你跟他都用到的方法,打个钩。

　　◆ 你用了,而他没用到的方法,写在段落旁边。

　　(3) 按顺序交流阅读方法,完善知识树。

　　活动二:变更问题,运用方法

　　1. 思考课后习题 2 的第一问:科学家是怎么判断其他星球有没有生命的呢?

　　(1) 根据目的,细读相关段落,解答问题。

　　(2) 同桌交流:先说说自己是怎么阅读的,再说说对问题的解答及依据。如果有不同意见,及时补充、讨论,最好能达成共识。汇报时,一人说怎么阅读,一人说对问题的解答。

2. 思考课后习题 2 的第二问：人类是否有可能移居火星？

（1）带着问题进行有目的的阅读。

（2）集体交流自己是怎么阅读的以及自己对这个问题的解答。

活动三：链接现实，迁移运用

1. 思考：关注两个年份（1971 年、1975 年），想想现在是哪一年，要想解答这个问题，你还打算怎么样去阅读呢？（再查一下关于火星的资料，看看火星有没有发生变化）

2. 出示中国"天问一号""祝融号"的相关视频，学生自主寻找资料，继续有目的地阅读，解答疑问。

子任务三：学习选择性阅读

活动一：网络检索，感知文本材料

1. 上网查询，感受信息繁杂。

师：做攻略，查资料，肯定要上网（打开搜索引擎，输入词条"故宫博物院"）。你们看，有官网，有文字信息，有图片，有视频……

2. 浏览课文，再次感受信息繁杂。

师：无独有偶，课文《故宫博物院》也给我们提供了多则资料，有文字资料，也有图片。接下来，我们就要利用这四则材料来进行有目的的阅读，完成这两个阅读任务。

交流：四则材料分别介绍了什么内容？

材料一介绍了故宫的布局和各种建筑。

材料二介绍了重修太和门的故事。

材料三是官网的一则游览须知。

材料四是故宫博物院的平面示意图。

活动二：根据任务，选择阅读材料

1. 对照任务，筛选所需材料。

出示任务：为了完成这两个任务，你分别会用到哪几则材料呢？

任务一	所需材料	理由
◇ 为家人计划故宫一日游，画一张故宫参观路线图。	材料一	
	材料二	
	材料三	
	材料四	

任务二	所需材料	理由
◇ 选择一两个景点，游故宫的时候为家人作讲解。	材料一	
	材料二	
	材料三	
	材料四	

（1）比较：为完成这两个任务，你们选择的阅读材料的数量、需求有什么不同？

（2）小结：根据大家的交流，不同的任务对材料的需求量也不一样。你们刚才交流的过程就是对材料进行筛选的过程（板书：筛选材料）。所以我们在读材料的过程中，要不断地问自己："这个阅读材料，对我完成这个任务有帮助吗？"这是至关重要的。

2. 使用材料，盘点需求分析。

（1）出示第一个任务：为家人计划故宫一日游，画一张故宫参观路线图。

（2）讨论：你觉得一个好的路线图应该是怎样的？（预设要点：选择的景点符合家人的喜好，重要景点不能错过）

（3）交流作品，根据评价标准进行评价。

（评价标准：游览路线明确，景点安排合理，满足家人需求）

（4）小结：我们在完成任务时，对所需材料进行了分析和筛选。这样，我们的阅读目的会更明确,能更有针对性地阅读。

3. 练习解说,评判材料价值。

(1) 出示第二个任务:选择一两个景点,游故宫的时候为家人作讲解。

(2) 讨论:要作好讲解,我们要注意什么?

(预设:选择最适合自己讲解的景点,根据家人的喜好来选择不同的内容)

(3) 出示三个人物,分别是和小陈一起去旅游的爸爸、爷爷、妹妹。学生选择其中的一个人物,组成小组,完成解说词。

◇ 选择一两个景点,游故宫的时候为家人作讲解。		
家人:爸爸	家人:爷爷	家人:妹妹
身份:设计师	身份:农民	身份:一年级学生
兴趣:墙体彩绘	兴趣:看电视剧,如《康熙王朝》	兴趣:看故事书,如《唐妞带你游大唐》
心愿:更多地了解古代建筑的一些特色。	心愿:看电视剧中的场景,对宫殿用途、大典仪式感到好奇。	心愿:听听故宫里发生过的有趣好玩的历史故事。

(4) 学生展示,根据评价标准进行评价。(评价标准:他的景点选得怎么样?他选的材料合适吗? 家人会喜欢吗?)

(5) 出示表格,反思完成任务的过程,讨论:① 在准备解说词的过程中,材料一、材料二哪个材料参考的分量多,利用的价值高? 说说你的理由。② 你还需要什么补充材料?

	参考分量与利用价值	理由
材料一		
材料二		
还迫切需要什么补充材料		

活动三：总结策略，延展生活情境

1. 总结策略：这节课，面对组合文本时，我们是怎么开展有目的的阅读的呢？

（我们根据不同的角色需求，对相应材料的价值进行了评判。当参考的材料不够用时，我们需要继续找资料，尽量完成一个令家人满意的解说。）

2. 延展情境：如果让你给非洲来的研究中国文化的两位专家做故宫一日游的规划和景点介绍，你又该如何设计呢？课后，我们来试试。

子任务四：举行高效阅读学习分享会

活动一：梳理知识树，发现高效阅读秘诀

1. 出示前几节课完成的知识树，观察，交流：比对《竹节人》《宇宙生命之谜》《故宫博物院》三次有目的的阅读的学习，说说有什么异同点。

相同点1：在阅读课文之前，都有阅读任务。

相同点2：阅读的第一步都是浏览，找到需要的内容之后都需要逐字逐句细读，边读边思考。

不同点1：阅读任务的数量不同，《竹节人》有三个阅读任务，《宇宙生命之谜》只有一个任务，而《故宫博物院》有四则材料，需要完成两个阅读任务。

不同点2：寻找有关联的内容的方法也不同。

不同点3：为了完成这些阅读任务，采用的阅读方法很多样，任务不同，阅读方法也有所不同。

不同点4：任务成果的展示方式不同，有的是表格，有的是示意图，有的是口头表达。

2. 思考：你认为最关键的不同是什么？（筛选内容的方法，细读的方法）

3. 根据异同点，讨论：怎样才能做一个高效的阅读者？根据讨论，汇总高效阅读锦囊。

锦囊一：读前了解阅读任务，读中牢记阅读任务，读后完成阅读任务。

锦囊二：初读时，快速浏览，排除无关内容，锁定相关内容。

锦囊三：无法快速确定时，可以通过概括主要意思来判断是否相关。

锦囊四：重要的内容要反复读，读的时候可以采用边读边想象、提问、品读关键句、批注、摘抄等阅读方法。

锦囊五：如果提供的材料不够，还可以再补充一些资料。

锦囊六：按阅读任务要求，可以采用图文表格、有感情地朗读、讲述故事、视频等形式完成阅读任务。

活动二：高效阅读实战演练

1. 发布要求：阅读周建人的《蜘蛛》，采用合适的方式，向一年级同学介绍蜘蛛。

2. 学生独立阅读，并开始计时。

3. 展示，评价，交流。

第16讲　人与地球和谐共生

——统编教材六年级上册第六单元"实用性阅读与交流"
学习任务群设计

一、主题与内容

（一）任务群的归属

本单元的主题是"人与地球"，由四篇课文组成，分别是《古诗三首》《只有一个地球》《青山不老》《三黑和土地》，关注的是人与自然的关系；口语交际是"意见不同怎么办"，单元习作是"学写倡议书"，关注现实生活，指向生活技能。

《义务教育语文课程标准（2022年版）》中"实用性阅读与交流"学习任务群第三学段的第1条学习内容为"阅读记人叙事的优秀文本，学习通过口头表达、书面叙写，与他人交流身边令人感动、难忘的人和事"，第2条是"学习通过口头表述和多种形式的书面表达，分享观察自然、探索科学世界的所见所闻、所思所感"。根据以上分析，本单元以"实用性阅读与交流"学习任务群组织教学活动。

另外，《古诗三首》属于典型的文学作品，教学时可以将其作为单元开篇，展现地球的不同样貌，使其具有实用指向。

（二）主题的确定

本单元开篇注明："我们是大地的一部分，大地也是我们的一部分。"《古诗三首》的《浪淘沙（其一）》《江南春》《书湖阴先生壁》展现了迥然不同、各有特色的大地风光；《只有一个地球》展现了地球的可爱和脆弱，呼吁我们要精心保护地球，保护地球的生态环境；《青山不老》讲述的是一个平凡而伟大的护林人的故事；

《三黑和土地》歌颂了农民与土地间割舍不断的情感。横向比较,整个单元所有内容都指向一个热点话题——人与自然的关系,由此确定了本单元的学习主题——人与地球和谐共生,激发学生爱护环境、珍爱地球的情感。

(三)内容的组织

本单元语文要素是"抓住关键句,把握文章的主要观点"。从《只有一个地球》《青山不老》,引导学生学习提炼一篇课文的主要观点,由此可以扩展到《古诗三首》《三黑和土地》以及课外,在更广阔的时空下,针对"人与自然的关系",让学生通过探究形成自己的观点。表达要素是"学写倡议书",除了倡议书写作的正确格式,重点在于清楚地表达自己的观点。口语交际和习作为落实阅读要素"把握主要观点"提供了表达输出的途径。这样从"实用性阅读"到"实用性交流",对如何表达主要观点,形成了能力的进阶。

二、目标与评价

单元学习目标	单元学习评价
1. 会写 14 个字、20 个词语。 2. 有感情地朗读课文,背诵古诗,默写《浪淘沙(其一)》。 3. 能借助注释想象画面,理解诗歌大意,体会诗歌之美。 4. 了解、积累传统文化常识,感受中国文化。	1. 掌握本单元相关的词语要求,能通过单元练习测评。 2. 能背诵《古诗三首》,默写古诗,并在练习情境中灵活运用。 3. 能通过想象画面、诵读展示、对比阅读,说出自然之美和诗歌文化之美。
1. 能抓住关键句,把握课文的主要观点。 2. 能阅读非连续性文本,提取有价值的信息。 3. 观察、思考日常生活,感受珍惜资源、保护环境的重要意义。积极通过口头表达和多种形式的书面表达分享自己的环保理念。	1. 能在典型人物推荐表中抓住关键句,把握作者的主要观点。 2. 能阅读城市公交路线图,在实践活动中作为志愿者为他人提供指路帮助。 3. 参与策划环保宣传活动,通过实践活动,人人争当"环保小先锋",树立环保意识。

单元学习目标	单元学习评价
1. 和别人协商事情,要准确把握别人的观点,不歪曲,不断章取义。 2. 尊重不同意见,讨论问题时,态度要平和,以理服人。 3. 表达观点时,要简洁明了,有理有据。	以儿童议事员的身份探讨环保问题,能准确把握别人观点,换位思考,积极协商。
1. 能掌握倡议书的基本格式,就关心的问题写一份表达清晰且言辞恰当的倡议书。 2. 能根据倡议的对象,将倡议书发布在合适的地方。	1. 能写出格式正确、观点清晰、方法可操作性强、有号召性的倡议书。 2. 通过当环保宣传员,拟写倡议书,并粘贴在相应的宣传栏中。

➡ 三、情境与任务

（一）学习情境

　　基于"人与地球和谐共生"这一单元主题,可以创设一个真实而富有意义的学习情境:"地球,这颗美丽的蓝色星球是我们赖以生存的家园。'人与地球和谐共生'已经在全球达成了共识,但在我们身边仍有一些人的环保意识较为薄弱。请根据单元所学,开展一次争当'环保小先锋'的活动,为保护地球贡献自己的力量。"据此,在这个单元的教学中,将开展制作环保宣传标语、讲述身边的环保故事、探讨环境问题等综合性实践活动。这样的情境创设建立了语文学习、社会生活和学生经验之间的关联,在实践的过程中实现了学生知识的习得和能力的提升。

（二）任务框架

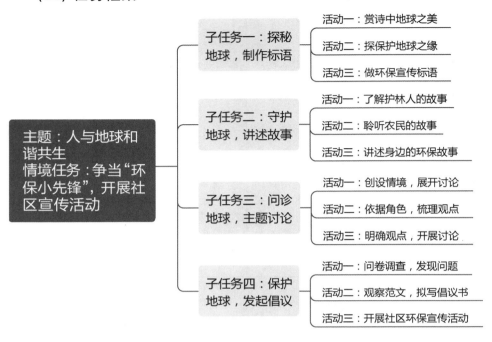

为了更好地完成四个学习任务，将情境任务作了活动分解，设计了结构化的活动链：

子任务一从学习《古诗三首》《只有一个地球》到写环保宣传标语，是从"景与物"的角度形成学习组块；子任务二是从"人"的角度，讲述书中的人、身边的人与自然相依存的故事；子任务三是从"事"的角度讨论话题，表达观点；子任务四是从"行"的角度，写倡议书，到社区宣传等，实现了从"实用性阅读"到"实用性交流"的融通衔接。

（三）课时规划

课时安排	学习内容
第1、第2课时	明确单元情境任务，单元统整概览，学习《古诗三首》，品味诗中美景；联读诗歌，感受地球丰富样貌。
第3、第4课时	学习课文《只有一个地球》，抓关键句把握文章的观点，做环保宣传标语。

课时安排	学习内容
第5课时	学习课文《青山不老》，学习抓住关键句，把握文章的主要观点。
第6课时	学习课文《三黑和土地》，学习抓住关键句，把握文章的主要观点；分享环保先进人物的故事。
第7课时	口语交际：换位思考，积极沟通，准确把握别人的观点。
第8课时	习作：写一篇以"保护地球"为主题的倡议书，掌握倡议书格式。
第9课时	学习《语文园地》。 讨论：如何开展争当"环保小先锋"评比活动？

▶ 四、活动与过程

子任务一：探秘地球，制作标语

活动一：赏诗中地球之美

1. 看一组图片，引出单元主题情境，学习《古诗三首》。

2. 读一首古诗，叹黄河之壮美。

（1）诗歌引入，读读描绘黄河的诗句：

◆ 白日依山尽，黄河入海流。

◆ 黄河远上白云间，一片孤城万仞山。

◆ 君不见，黄河之水天上来，奔流到海不复回。

……

（2）介绍作者。

刘禹锡（772—842），字梦得，籍贯河南洛阳，唐代文学家、哲学家，有"诗豪"之称，留下《陋室铭》《竹枝词》《杨柳枝词》《乌衣巷》等名篇。

（3）诵读古诗，完成思维导图的填写。

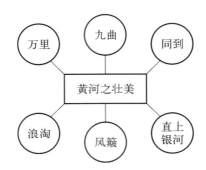

（4）汇报交流，感受气势。

◆ 数字中的气势：

出示资料：其实黄河九道弯是个虚指，并不是确切的九道弯。中国人爱用"九"和"九"的倍数来形容多，泛指黄河的河道比较曲折。

诗中的虚指：九曲、万里。

◆ 动词中的气势：观看黄河视频，感受"浪淘风簸"的气势。

◆ 典故中的气势：

出示"交流平台"：读古诗不仅可以借助注释理解，想象画面，还可以多了解一些传统文化知识。

诗中的典故：银河、牛郎织女。

3. 学一首古诗，品江南之秀美。

（1）迁移方法，自学古诗，完成思维导图的填写。

（2）反馈交流，品味不一样的诗中美景。

◆ 交流气泡图。

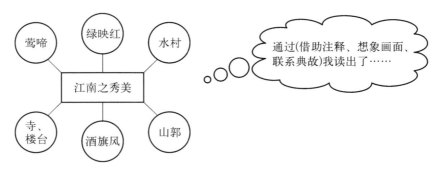

◆ 选择图片，想象画面。

出示晴雨图供学生选择诗句,体会江南晴雨天气下的不同景致。

(3) 对比两诗异同。

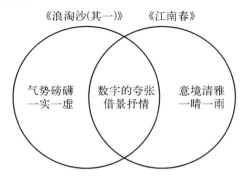

《浪淘沙(其一)》　　《江南春》

气势磅礴　　数字的夸张　　意境清雅
一实一虚　　借景抒情　　一晴一雨

4. 读题目,了解一种诗歌类型。

(1) 介绍诗人。

王安石,北宋政治家、文学家、思想家、改革家。作此诗时,他已是暮年,早已隐居田园。当时他有一个邻居兼好友,名叫杨德逢,也就是题目中的湖阴先生。

(2) 了解并拓展题壁诗:《题西林壁》《题临安邸》《书江西造口壁》……

5. 读诗歌,寻诗中景物之美。

(1) 自主探究,填写表格。

位置	景物	特点	感受
院内	茅檐	净无苔	主人热爱生活、热爱自然。
	花木	成畦	
院外	一水	护田	自然回馈人们,送来美景。
	两山	排闼	

(2) 补充资料:"护田"出自汉代统一西域,在西域开荒屯田,派兵护卫的典故。"排闼"出自汉代樊哙大胆开门探望病中的刘邦的典故。

(3) 提升主题:引用典故,把山水当人来写,正是为了写出人们热爱自然、热爱生活,生活也回馈最美的景致给人们。这真是一幅人与自然和谐共生的静美之图呀!

活动二：探保护地球之缘

1. 分组学习词语。

晶莹　璀璨　慷慨　和蔼可亲（地球样子）

资源　矿产　贡献（地球资源）

滥用　目睹　移民基地（人类行为）

2. 填一个导图，厘清课文逻辑关系。

（1）迁移运用抓关键句把握观点的方法。

（2）交流反馈。

（3）梳理关系，把握文章主要观点：因为地球美丽渺小，而且资源有限，还无法移居，所以我们要保护地球。

（4）方法小结：用提取关键句的方法能帮我们快速理解课文内容，提炼文章观点。

3. 填一个导图，发现地球危机重重。

（1）默读课文，寻找危机形成的原因，填写导图。

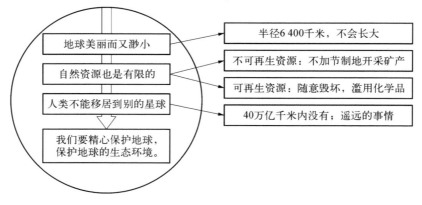

（2）反馈危机1：美丽而渺小。

聚焦列数字的说明方法，感受表达的准确：6 400千米、40万亿千米……

（3）反馈危机2：自然资源有限。

◆ 梳理两种资源：不可再生资源和可再生资源。

◆ 删除连接词比较，感受资源保护之迫切。

"但是""如果""必将"等连接词，体现了作者对于保护地球、保护地球生态环境的急切心情。

（4）反馈危机3：不能移居到别的星球。

◆ 启发思考：既然地球面临这么大的危机，宇宙这么大，我们为什么不能移居到其他星球呢？

（可移居的星球距离太远；移民基地建造只是遥远的设想）

◆ 联结第三单元《宇宙生命之谜》，补充不能移居的其他原因。

◆ 得出结论：我们要精心地保护地球，保护地球的生态环境。

活动三：做环保宣传标语

1. 对比地球状况，感受古今变化：在诗人的笔下，我们领略了地球曾经的风采，山是那样青，水是那样绿，空气是那样清新……而如今，地球发生了巨大的变化，我们的地球母亲早已千疮百孔。

2. 关联生活现象，引发思考：因为人们随意毁坏自然资源，不顾后果地滥用化学品，不但使它们不能再生，还造成了一系列生态灾难，给人类生存带来了严重的威胁。（课件播放身边不环保现象的视频）

3. 形成观点，制作宣传标语。

（1）学生谈论观看视频后的感想。

（2）出示经典环保宣传标语，提炼方法。

小草青青，踏之何忍？

别让你的眼泪成为地球上的最后一滴水。

（3）选定方向，拟写宣传标语。

（4）互相评价，票选最佳环保宣传标语。

评价标准	摘星数量（最多 5☆）
观点鲜明	__☆
语言简洁	__☆
巧用修辞	__☆

子任务二：守护地球，讲述故事

活动一：了解护林人的故事

1. 读一个故事，初识人物形象。

（1）反馈字词：

第一组：肆虐　盘踞

第二组：粼粼的波光　如臂如股　劲挺

第一组描写恶劣的环境，第二组描写树林。

（2）明确观点：

这位普通老人让我领悟到：青山是不会老的。

2. 抓一组数据，定格创造的奇迹。

（1）找到"奇迹"：

十五年啊，绿化了八条沟，造了七条防风林带、三千七百亩林网，这是多么了不起的奇迹。

◆ 思考：从哪里读出这是一个奇迹？（十五年、八条、七条、三千七百亩）

◆ 三千七百亩≈120 个学校（以常规 30 亩左右的学校为参照）

（2）探析"奇迹"。

◆ 大环境的恶劣：

这是中国的晋西北……当地县志记载："风大作时，能逆吹牛马使倒行，或擎之高二三丈而坠。"

抓住"肆虐""怪物""盘踞"等词语感受环境的恶劣。

补充资料，了解晋西北环境形成的原因及植树造林的必要。

◆ 小环境的艰苦：生活条件差、孤孤单单、工作劳累、年事已高、家人的劝阻……

3. 完成典型人物推荐表，用"困难＋感受"的形式写下推荐理由。

"人与地球"典型人物推荐表		
拟推荐人：老人		年龄：81 岁
工作年限：15 年		工作：植树造林
主要事迹： 　　十五年啊，绿化了八条沟，造了七条防风林带、三千七百亩林网，这是多么了不起的奇迹。		
所遇困难： 　　① 大环境的恶劣。 　　② 小环境的艰苦。		
作者的感受： 　　他已经将自己的生命转化为另一种东西。他是真正与山川共存、与日月同辉了。		
推荐理由：		

活动二：聆听农民的故事

1. 学习《三黑和土地》，初读诗歌，体验情感。

（1）检查词语。

第一组词语：痒抓抓　白霎霎　（对比：心痒痒　白茫茫）

◆ 发现词组特点：都是农村方言。

第二组词语：

荞麦　麦籽儿　蝈蝈儿　柴火　土疙瘩　公粮

耙地　蹚坏　打场　地头　东庄　顺溜

◆ 借助视频和图片，理解"打场""耙地"的意思。

◆ 再次朗读，发现词组特点：与农村的事和物有关。

（2）初步感受农民对土地的态度。

◆ 哪一句话表明了农民对土地的态度？

农民一有了土地，就把整个生命投入了土地。

◆ 读第 1～3 小节，感受欣喜若狂。

（用比喻、夸张、反复的手法写欣喜。）

2. 填一张图表，走近三黑和土地。

（1）学习提取"昨天"的事情（第11小节）：逮蝈蝈儿挨骂。

（2）小组合作，完成"今天"与"明天"的事件概括。

◆ 默读第4~15小节，运用"梳理事件—概括关键词—批注感受"的方法概括提取另外两个部分的事件。

◆ 小组汇报：

今天：翻地 耙地 播种

明天：跟人合伙 浇肥土地 买头毛驴 送公粮 驮老伴儿 看闺女 上东庄

（3）对比昨天、今天和明天，发现变化：

◆ 能做的事情越来越多。

◆ 心情越来越喜悦。

3. 完成典型人物推荐表。

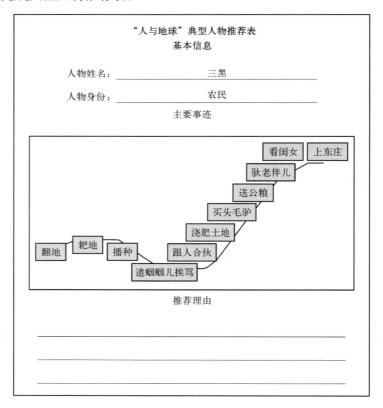

（1）设疑：主要事迹为什么不按顺序写？

起伏的心情变化形成强烈对比，感受到三黑对未来充满憧憬和希望。

（2）用第一人称说心情：

我就是三黑，从前……现在……将来……拥有这片土地对我来说……

（3）用"事件＋感受"的形式填写推荐理由。

4. 链接一首歌曲，升华诗歌主题。

（1）自由朗读《在希望的田野上》，谈谈哪里让你感觉充满希望。

（2）小结：黄土地养育了一代又一代勤劳的中华儿女，我们是大地的一部分，大地也是我们的一部分。

活动三：讲述身边的环保故事

1. 收集环保故事：用"事件＋观点"的方式收集身边环保大使的故事。

2. 讲述环保故事：举办班级环保大使推荐活动。

3. 形成一个观点：强化单元主题"人与地球和谐共生"。

子任务三：问诊地球，主题讨论

活动一：创设情境，展开讨论

1. 情境导入：爆竹声声辞旧岁，银花朵朵贺新年。噼里啪啦的爆竹、五彩缤纷的烟花，给人们带来浓浓的年味和喜庆气氛，但也在环保、安全等方面带来很多问题。一些城市在燃放鞭炮方面的政策也在不断摇摆。那么，春节到底该不该燃放烟花爆竹呢？

2. 发表观点，说清理由。

活动二：依据角色，梳理观点

1. 出示不同角色，四人小组合作，每人选择一个角色，发表观点并说明原因。

2. 反馈交流。

普通市民：该放，为了增加节日氛围。

消防员：不该放，容易引发火灾。

环卫工人：不该放，严重影响环境卫生。

鞭炮厂工人：该放，增加收入及就业机会。

3. 小结交际要领：你们看，你们已经掌握了成为儿童议事员的第一个技能——换位思考，阐述观点。

活动三：明确观点，开展讨论

1. 明确观点：看来每个人站在自己的角度都有不同的理由，该怎么解决这样的矛盾呢？

2. 小组讨论解决方案：

（1）分别以不同的身份提出一个解决方案。

（2）组员协商，确定方案。

预设：在规定时间燃放，在规定地点燃放，注意垃圾清理。

评价标准	摘星数量
能准确把握别人的观点	☆☆☆☆☆
态度平和，通过协商解决矛盾	☆☆☆☆☆

3. 汇报方案。

作为一名优秀的儿童议事员，还应用"观点＋理由"的方式把自己的观点表达清楚：

关于春节该不该燃放烟花爆竹的问题，我们小组认为＿＿＿＿＿＿，因为这样＿＿＿＿＿＿＿＿。

4. 总结：今天，儿童议事员们针对环境问题展开了热烈的讨论。是的，地球是我们的家园，保护地球的生态环境是我们共同的责任！

子任务四：保护地球，发起倡议

活动一：问卷调查，发现问题

1. 交流关于不文明现象的调查结果。

观察地点	不文明现象	我的倡议
小区河道	有漂浮的垃圾	保护河道卫生
垃圾站	没有进行垃圾分类	垃圾分类
垃圾站	有一次性用品	不使用一次性用品
草坪	有宠物粪便	主动清理宠物粪便
……		

2. 发布任务,明确功能。

(1)出示各种主题的倡议书,如:提倡使用公筷,提倡接种疫苗……

(2)定义倡议书:人们针对某件事情向社会提出建议的文章就叫倡议书。

(3)引出习作内容:社会文明程度日益提高的今天,我们身边依然还有很多不文明的现象,让我们化身"环保大使",一起写一份倡议书,为保护地球尽一份力。

活动二:观察范文,拟写倡议书

1. 对比书信,确定格式。

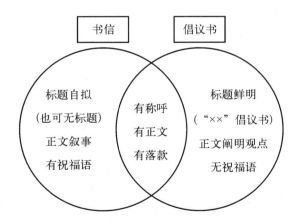

2. 再读正文,讲清观点。

(1)梳理正文内容(原因、做法、呼吁)。

(2)对比"做法",发现秘诀:

句1：一水多用，充分利用水资源。如，用淘米水浇花，用洗脸水冲厕所。

句2：充分利用水资源。

在提建议时，应该提出具体可操作的做法。

3. 写倡议书，注意：

（1）写清原因、做法和呼吁的内容。

（2）做法应具体可操作。

4. 小组互评倡议书。

等级奖项	评价维度
铜笔奖	格式正确
银笔奖	格式正确 做法可操作性强
金笔奖	格式正确 做法可操作性强 呼吁有号召力

活动三：开展社区环保宣传活动

1. 回顾单元主题：我们是大地的一部分，大地也是我们的一部分。这一幕幕人与地球和谐共生的画面是多么迷人。

2. 探讨成果展示方案：在这个单元中，我们制作环保标语，讲述环保故事，写环保倡议书，学会了环保出行的方式……环保小先锋们，如何用你们的所学影响身边的人呢？

3. 开展环保宣传活动。

（1）以"环保先锋"小分队为单位完成实践作业。

（2）图文并茂汇报成果。

（3）评选"环保小先锋"。

图书在版编目（CIP）数据

实用性阅读与交流 / 吴忠豪，薛法根主编. — 上海：上海教育出版社，2023.11
（小学语文学习任务群课例设计丛书）
ISBN 978-7-5720-2394-1

Ⅰ.①实… Ⅱ.①吴… ②薛… Ⅲ.①阅读课 – 教案(教育) – 小学 Ⅳ.①G623.232

中国国家版本馆CIP数据核字(2023)第225541号

责任编辑　方　晨　马佳希
封面设计　陆　弦

小学语文学习任务群课例设计丛书
实用性阅读与交流
吴忠豪　薛法根　主编

出版发行　上海教育出版社有限公司
官　　网　www.seph.com.cn
地　　址　上海市闵行区号景路159弄C座
邮　　编　201101
印　　刷　上海展强印刷有限公司
开　　本　700×1000　1/16　印张 17.25
字　　数　272 千字
版　　次　2024年1月第1版
印　　次　2025年3月第4次印刷
书　　号　ISBN 978-7-5720-2394-1/G·2122
定　　价　68.00 元

如发现质量问题，读者可向本社调换　电话：021-64373213